岭南师范学院广东省中小学教师发展中心后期资助项目
《教师教育一体化视域下研究型教师队伍建设的校本化探索》
研究成果（项目编号LJG21HQ01）

校本实践研究丛书
主编 王林发

研究型教师队伍校本建设

冯少玲 豆海湛 ◎ 著

海峡出版发行集团 | 福建教育出版社

图书在版编目（CIP）数据

研究型教师队伍校本建设/冯少玲，豆海湛著. —福州：福建教育出版社，2024.6
（校本实践研究丛书/王林发主编）
ISBN 978-7-5334-9953-2

Ⅰ.①研… Ⅱ.①冯… ②豆… Ⅲ.①中小学－师资培养－研究 Ⅳ.①G635.12

中国国家版本馆 CIP 数据核字（2024）第 090331 号

校本实践研究丛书
主编　王林发
Yanjiuxing Jiaoshi Duiwu Xiaoben Jianshe

研究型教师队伍校本建设

冯少玲　豆海湛　著

出版发行	福建教育出版社
	（福州市梦山路 27 号　邮编：350025　网址：www.fep.com.cn
	编辑部电话：0591-83727542　83726908
	发行部电话：0591-83721876　87115073　010-62024258）
出 版 人	江金辉
印　　刷	福州报业鸿升印刷有限责任公司
	（福州市仓山区建新镇建新北路 151 号　邮编：350082）
开　　本	710 毫米×1000 毫米　1/16
印　　张	11.25
字　　数	172 千字
插　　页	1
版　　次	2024 年 6 月第 1 版　2024 年 6 月第 1 次印刷
书　　号	ISBN 978-7-5334-9953-2
定　　价	38.00 元

如发现本书印装质量问题，请向本社出版科（电话：0591-83726019）调换。

前　言

向卓越攀登

百年大计，教育为本；教育大计，教师为本。振兴民族的希望在教育，振兴教育的希望在教师。教师是教育事业的第一资源，是国家繁荣、民族振兴、人民幸福的重要基石。

2018年1月20日，中共中央、国务院正式印发《关于全面深化新时代教师队伍建设改革的意见》，提出"培养造就党和人民满意的高素质专业化创新型教师队伍"。新时代，党中央将教师工作摆在前所未有的重要地位，教师队伍建设迎来了新的历史机遇和发展契机。国运兴衰，系于教育，根本在教师。要加快教育现代化，办好人民满意的教育，建设教育强国，离不开教师的贡献。

党的十八大以来，各地区、各部门、各学校大力推进高素质专业化创新型教师队伍建设，教师工作取得了历史性成就，教师队伍整体面貌发生了格局性变化，优秀人才争相从教，教师人人尽展其才，好教师不断涌现的良好局面基本形成。当前，我国教师培养已经由满足数量阶段发展到追求质量提升阶段，教师专业发展已经成为教师教育理论和实践的热点。建设一支高素质专业化创新型教师队伍，也已经成为各地区、各部门、各学校必须思考并亟须解决的重要问题。新形势下，研究型教师队伍建设作为一个系统性、综合性、创新性的人才培养工程，开始引起各方的高度重视，并在不少中小学校得到积极探索。

什么是研究型教师？近几十年来，国内外学术界对这一概念进行了深入研讨与探索，很多专家学者提出了有价值的观点，见仁见智，莫衷一是；但是他们都形成一个共识，即教师应当从传统的"教学者"向"研究者"转变。教师作为研究者，成为研究型教师，是基础教育改革的现实需要，是教师专业发展的必然趋势。我们认为，研究型教师就是将教学与研究有机结合，在教学中着力研究，探究教育教学的本质和规律，以研究促进教学，提升教育教学的质量和水平，并在教学和研究的不断追求中实现自我发展。研究型教师显然区别于经验型教师，经验型教师满足于经验积累和经验学习，研究型教师则要有先进的教育理念、复合的教学能力和良好的科研素养。

教师队伍素质决定着教育的兴衰。要办一流的教育，就必须打造一流的教师队伍，而研究型教师队伍即是一流的教师队伍。抓好中小学研究型教师队伍建设，对于加快推进教育现代化、推动教育高质量发展和打造科研型品牌学校具有十分重要的意义和价值。学校是教师工作和生活的主要场所，是教师发展的立足之地，也是教师实现其价值的"用武之地"。苏霍姆林斯基说："如果你想让教师的劳动能够给教师带来乐趣，使天天上课不至于变成一种单调乏味的义务，那你就应当引导每一位教师走上从事教育科研这条幸福的道路上来。"这句话道出了教师从事教育科研、做"研究型教师"的幸福要义。作为一所中小学校的管理者，如能重视研究型教师队伍建设，并积极开展研究型教师队伍建设的校本化探索，则是教师之幸、学校之幸和教育之幸。

研究型教师队伍校本建设是基于学校的系统工程，以学校为主阵地开展研究型教师培养活动，打造研究型教师团队。校长和教师是研究型教师队伍校本建设的主体，教师需要转变成为研究者，而校长需要转变成为研究型教师队伍建设的组织者。研究型教师队伍校本建设的成功实施，关键在于学校，在于校长和教师。以校为本的研究型教师队伍建设，能够激发教师"二次成长"的新活力，助推学校走向内涵发展、创新发展和品牌发展。

星光不问赶路人，时光不负有心人！新时代基础教育高质量发展的集结号已经吹响，新一轮基础教育课程改革方兴未艾，相信只要我们勇当教育路上的"先行者""探索者"和"研究者"，向卓越攀登，向未来奋进，就一定能够领略到最美的教育风景！

目 录

第一章 教育现代化呼唤研究型教师 …… 1
- 第一节 教师队伍建设的时代趋势 …… 3
- 第二节 研究型教师概念的提出与界定 …… 12
- 第三节 研究型教师队伍建设意义 …… 25

第二章 研究型教师队伍校本建设的路径 …… 33
- 第一节 研究型教师队伍校本建设的困惑 …… 35
- 第二节 研究型教师队伍校本建设的原则 …… 43
- 第三节 研究型教师队伍校本建设的实施 …… 50

第三章 研究型教师队伍校本建设的系统构建 …… 59
- 第一节 研究型教师队伍校本建设的基本特征 …… 61
- 第二节 研究型教师队伍校本建设的内涵提升 …… 66
- 第三节 研究型教师队伍校本建设的主要策略 …… 72

第四章 基于研究型教师队伍校本建设的理念转型 …… 79
- 第一节 推进课题研究，打开研究型教师队伍建设的局面 …… 81
- 第二节 深化课堂改革，巩固研究型教师队伍建设的成果 …… 90
- 第三节 加强课程建设，提升研究型教师队伍建设的品位 …… 98

第五章　基于研究型教师队伍校本建设的学校转型 …… 107

第一节　研究型教师队伍建设与薄弱学校内涵发展

　　——以广东省雷州市唐家镇中心小学为例 …………… 109

第二节　研究型教师队伍建设与优质学校创新发展

　　——以广东省广州市天河区体育西路小学为例 ……… 119

第三节　研究型教师队伍建设与品牌学校卓越发展

　　——以广东省湛江市第二十九小学为例 ……………… 129

第六章　研究型教师队伍校本建设的个案分析 ………… 139

第一节　乡村学校的研究型教师队伍建设个案分析 ……… 141

第二节　县城学校的研究型教师队伍建设个案分析 ……… 148

第三节　市区学校的研究型教师队伍建设个案分析 ……… 157

后　记　强教必先强师 …………………………………… 169

第一章 教育现代化呼唤研究型教师

《中国教育现代化2035》提出："高素质专业化创新型教师队伍是加快教育现代化的关键""要坚持把教师队伍建设作为基础工作。"强教必先强师。教育现代化的核心是人的现代化。加快教育现代化，就必须加强教师队伍建设，促进教师专业发展，提高教师队伍整体素质。没有合格的教师就无法提供优质的教育。教师专业素养的提高是迈向优质教育的关键因素。随着教育现代化的推进及基础教育课程改革的深入实施，教育改革发展与教师队伍建设应该是同步且互动进行的。培养研究型教师是我国教师队伍建设的重点之一。建设研究型教师队伍在实施"科教兴国"战略、推行素质教育、培养创造型人才等方面具有基础性的作用。探索研究型教师队伍建设是新时代教师队伍建设的重要内容，适应了教育现代化发展对教师发展的要求。在教育现代化视域下进行研究型教师队伍建设校本化探索，对学校建设高素质专业化创新型教师队伍具有重要的应用价值，有助于提高教师的教育教学水平和教育科研能力，促进教师专业高水平发展，提升学校教师队伍的整体素质，从而激发教师们参与课改的积极性和创造性，提高教育教学质量，助推学校教育发展跨上新台阶。

第一节　教师队伍建设的时代趋势

根据2021年教育统计，我国各级各类专任教师共1844.4万人。正是这个庞大的职业群体支撑起了世界上最大规模的教育体系。中共中央、国务院《关于全面深化新时代教师队伍建设改革的意见》（以下简称《意见》）于2018年1月20日正式印发，这是新中国成立以来第一份以中共中央名义印发的教师队伍建设文件。《意见》提出"培养造就党和人民满意的高素质专业化创新型教师队伍"，擘画了新时代教师队伍建设的宏伟蓝图，指明了新时代教师队伍建设的改革方向。

一、新时代教师队伍建设的发展形势

新时代教师队伍建设,已被摆在十分重要的战略高度,事关我国建设社会主义现代化教育强国的得失成败。因此,全面深化新时代教师队伍建设改革,受到了自上而下前所未有的重视。纵观新时代教师队伍建设的发展形势,主要体现在三个方面:一是新一轮基础教育改革的深化推进;二是新技术赋能下教育教学与学习的加速变革;三是教师教育一体化下终身教育思想的深刻影响。可见,全面推进社会主义教育现代化发展,决定着必须全面加强新时代教师队伍建设。

(一)新一轮基础教育课程改革的深化推进

新一轮基础教育课程改革深化推进,需要加强新时代教师队伍建设。以《基础教育课程改革纲要(试行)》颁布为标志,我国新一轮基础教育课程改革于 2001 年正式启动。秉承"一切为了学生发展"的基本理念,新课程改革涉及课程功能、课程结构、课程内容、课程实施、课程评价、课程管理等各个方面,改革力度之大、动员之广、内容之全、程度之深,是新中国成立以来历次基础教育课程改革所未有的。教育改革成败的关键在于教师。以新课程改革为主线的基础教育改革,对教师专业素质提出了更高要求。新课程改革强调教师角色应由传统的知识传授者向学习者、研究者、组织者、引导者、促进者、催化者、实践者、开发者转变。由此,教师必须具备新的宽广的知识结构和更为开阔的学术视野、更宽的专业知识背景,具备更强的专业适应与整合能力、现代信息技术应用能力与创造性的课程实施能力以及引导、组织学生开展自主性探究学习的能力、教学反思能力与研究能力。[①] 为了培养学生的核心素养，对教师核心素养的要求集中体现在教师的理想信念、师德师风和教育教学能力上，其中后者包括教学设计能力、教学交往能力、教学研究创新能力、课程资源开发与利用的能力，以及以学生的学习为中心构建有利于学生学习的教学情境的能力，发现、解决教育教学实践问题的创新能力，不断更新自己的知识结构以适应教学变革趋势的能力等。[②]

（二）新技术赋能下教育教学与学习的加速变革

新技术赋能下教育教学与学习加速变革，需要加强新时代教师队伍建设。随着互联网、物联网、大数据、云计算、人工智能、传感技术、机器人、虚拟现实等新技术在教育领域的应用与逐渐普及，学校教育已经在发生革命性的变革，课堂正在成为人工智能参与的智慧体验课堂，学校将会变得形式更加开放、类型更加多元、层次更加丰富、环境更加生态、服务范围更加广泛，数字图书馆、数字课程中心或将成为学习资源中心，对学生的学习与发展的评估或将变革为基于大数据挖掘系统和人工智能的随时、随地、随人、随事的4A（anytime，anywhere，anybody，anyevent）评价与监测。[③] 传统的由教师、学生、课程构成的三维结构将转变为新的四维结构，即学生、数字化学习环境、数字化学习资源和教学支持服务。[④] 由此，教师不仅应具有崇高的师德、精湛的教学技能，而且应成为基于数字化环境、资源的学生学习活动的支持者与服务者，能够系统地支持学生的个性化、定制化的自主学习，同时通过创设教学情境来提升学生的学习体验。尤其重要的是，教师必须对教育教学充满挑战心、好奇心与想象力，把教育教学看作学生主动学习、探究

---

① 郝志军. 基础教育课程改革反思与推进建议 [J]. 西北师大学报（社会科学版），2017（05）：99-104.
② 谭帮换. 新课程改革背景下一名合格教师的基本素养刍议 [J]. 教育现代化，2016（19）：112-113+119.
③ 单从凯. 未来教师的角色与素养 [J]. 中国远程教育，2014（1）：10-11.
④ 闫华. 信息技术时代教师从教学者向助学者的转变 [J]. 首都师范大学学报（社会科学版），2018（4）：184-188.

反思、变化更新的创新过程，把每次教学都当作创意设计和实施的过程。同时，要在教学中为学生提供创新的时间和空间，而且要宽容学生的失败，营造教学中激励创新的氛围。

（三）教师教育一体化下终身教育思想的深刻影响

教师教育一体化下终身教育思想的深刻影响，需要加强新时代教师队伍建设。"教师教育"概念首次出现在 2001 年 5 月颁布的《国务院关于基础教育改革和发展的决定》中。所谓"教师教育"，是对教师培养和培训的统称。教师教育一体化，是在终身教育思想指导下，按教师专业发展不同阶段整体设计教师培养和培训以实现教师持续专业成长的教育过程。终身教育思想倡导人一生的每个阶段都要受到教育，并且学校、家庭、社区、工作机构等社会各个部门都应参与到人一生的教育当中。在联合国教科文组织及其他有关国际机构的大力提倡、推广和普及下，终身教育已经作为一个极其重要的教育概念而在全世界广泛传播。许多国家在制定本国的教育方针、政策或是构建国民教育体系的框架时，均以终身教育的理念为依据，以终身教育提出的各项基本原则为基点，并以实现这些原则为主要目标。在当今社会，若要说到何种教育理论或是何种教育思潮最令世界震动，则无疑当数终身教育。教师应该牢固树立终身教育的思想。终身教育是一种知识更新、知识创新的教育，其主导思想就是要求每个人必须有能力在自己的一生中利用各种机会，去更新、深化和进一步充实最初获得的知识，使自己适应快速发展的社会。每位教师都必须具备自我发展、自我完善的能力，不断提高自我素质，不断接受新的知识和新的技术，不断更新自己的教育观念、专业知识和能力结构，以使自己的教育观念、知识体系和教学方法等跟上时代的变化，提高对教育和学科最新发展的了解。

二、新时代教师队伍建设的重要使命

党的十八大以来，习近平总书记高度重视教师队伍建设，对新时代教师队伍建设做出了一系列重要论述，是新时代教师队伍建设的指导思想与政策依据。习近平总书记从实现"两个一百年"战略和中华民族伟大复兴的高度来论述教师、教师队伍建设的重要地位和使命。《中国教育现代化2035》明确提出"建设高素质专业化创新型教师队伍"就是要"努力建设一支有理想信念、有道德情操、有扎实学识、有仁爱之心的教师队伍，更好地承担起传播知识、传播思想、传播真理，塑造灵魂、塑造生命、塑造新人的时代重任"。这一目标的提出，既是习近平总书记关于新时代教师队伍建设重要论述的具体体现，也反映了建设社会主义现代化教育强国对新时代基础教育教师队伍建设的具体要求。

（一）新时代教师队伍建设最终指向于培养社会主义建设者和接班人

新时代教师队伍建设的最终指向是为了培养社会主义建设者和接班人。在2018年全国教育大会上，习近平总书记在强调"培养什么人，是教育的首要问题"时，明确提出"我国是中国共产党领导的社会主义国家，这就决定了我们的教育必须把培养社会主义建设者和接班人作为根本任务，培养一代又一代拥护中国共产党领导和我国社会主义制度、立志为中国特色社会主义奋斗终身的有用人才。这是教育工作的根本任务，也是教育现代化的方向目标"。[①] 从这一根本任务出发，习近平总书记将教师队伍建设的重要性提升到

---

① 习近平在全国教育大会上强调"坚持中国特色社会主义教育发展道路培养德智体美劳全面发展的社会主义建设者和接班人"[EB/OL]．[2018-12-1]．http://www.moe.gov.cn/jybxwfb/s6052/moe_838/201809/t20180910_348145.html．

了事关民族、国家未来的高度，强调指出："百年大计，教育为本。教师是立教之本、兴教之源，承担着让每个孩子健康成长、办好人民满意教育的重任。教师重要，就在于教师的工作是塑造灵魂、塑造生命、塑造人的工作。"① 习近平总书记在全国教育大会的讲话中再次强调"教师是人类灵魂的工程师，是人类文明的传承者，承载着传播知识、传播思想、传播真理，塑造灵魂、塑造生命、塑造新人的时代重任"。② 由此，《关于全面深化新时代教师队伍建设改革的意见》明确提出了教师与教师队伍建设的使命与战略地位："教师承担着传播知识、传播思想、传播真理历史使命，肩负着塑造灵魂、塑造生命、塑造新人的时代重任，是教育发展的第一资源，是国家富强、民族振兴、人民幸福的重要基石。"

（二）新时代的教师要成为学生的"四有好老师"和"四个引路人"

习近平总书记指出："建设社会主义现代化强国，对教师队伍建设提出新的更高要求，也对全党全社会尊师重教提出新的更高要求。"③ 从推进教育现代化、建设社会主义强国的战略目标出发，习近平总书记强调："国家繁荣、民族振兴、教育发展，需要我们大力培养造就一支师德高尚、业务精湛、结构合理、充满活力的高素质专业化教师队伍，需要涌现一大批好老师。"④ 为此，他要求"全国广大教师要做有理想信念、有道德情操、有扎实知识、有

---

① 习近平向全国广大教师致慰问信［EB/OL］.［2018-6-1］. http://www.cpc.people.com.cn/n/2013/0910/c64094-22864548.html.
② 习近平在全国教育大会上强调"坚持中国特色社会主义教育发展道路培养德智体美劳全面发展的社会主义建设者和接班人"［EB/OL］.［2018-12-1］. http://www.moe.gov.cn/jybxwfb/s6052/moe_838/201809/t20180910_348145.html.
③ 习近平在全国教育大会上强调"坚持中国特色社会主义教育发展道路培养德智体美劳全面发展的社会主义建设者和接班人"［EB/OL］.［2018-12-1］. http://www.moe.gov.cn/jybxwfb/s6052/moe_838/201809/t20180910_348145.html.
④ 习近平同北京师范大学师生代表座谈时的讲话［EB/OL］.［2018-6-1］. http://politics.people.com.cn/n/2014/0910/c70731-25629093.html.

仁爱之心的好老师，为发展具有中国特色、世界水平的现代教育，培养社会主义事业建设者和接班人作出更大贡献"。①他希望"全国广大教师牢固树立中国特色社会主义理想信念，带头践行社会主义核心价值观，自觉增强立德树人、教书育人的荣誉感和责任感，学为人师，行为世范，做学生健康成长的指导者和引路人"，即"要做学生锤炼品格的引路人，做学生学习知识的引路人，做学生创新思维的引路人，做学生奉献祖国的引路人"。同时要"牢固树立终身学习理念，加强学习，拓宽视野，更新知识，不断提高业务能力和教育教学质量，努力成为业务精湛、学生喜爱的高素质教师"。②

三、新时代教师队伍建设的根本遵循

当前和今后一个时期，各地贯彻《关于全面深化新时代教师队伍建设改革的意见》，落实党中央、国务院关于加强教师队伍建设的重要决策部署，必须明确指导思想、目标任务和总体原则，从而采取具有前瞻性、引领性、针对性的政策举措。

（一）新时代教师队伍建设的指导思想

思想是行动的指南。只有确立正确的指导思想，才能让教师队伍建设进程行稳致远，取得应有成效。新时代教师队伍建设必须要全面贯彻落实党的十九大精神，以习近平新时代中国特色社会主义思想为指导，紧紧围绕统筹推进"五位一体"总体布局和协调推进"四个全面"战略布局，坚持和加强党的全面领导，坚持以人民为中心的发展思想，坚持全面深化改革，牢固树

---

① 习近平向全国广大教师致慰问信[EB/OL].[2018-6-1]. http://cpc.people.com.cn/n/2013/0910/c64094-22864548.html.
② 习近平来到北京市八一学校看望慰问师生[EB/OL].[2018-6-1]. http://cpc.people.com.cn/xuexi/n1/2017/0910/c385474-29525639.html.

立新发展理念，全面贯彻党的教育方针，坚持社会主义办学方向。落实立德树人根本任务，遵循教育规律和教师成长发展规律，加强师德师风建设，培养高素质教师队伍。倡导全社会尊师重教，力争形成优秀人才争相从教、教师人人尽展其才、好教师不断涌现的良好局面。[1]

（二）新时代教师队伍建设的目标任务

《关于全面深化新时代教师队伍建设改革的意见》对新时代教师队伍建设作出了顶层设计。加强新时代教师队伍建设，既要力求解决当前教师队伍建设存在的突出问题，又要着眼于中长期教育改革发展、经济社会发展对教师队伍建设的根本期盼，分阶段提出目标任务。

首先，到2022年，教师培养培训体系基本健全，职业发展通道比较畅通，事权人权财权相统一的教师管理体制普遍建立，待遇提升保障机制更加完善，教师职业吸引力明显增强。教师队伍规模、结构、素质能力基本满足各级各类教育发展需要。

其次，到2035年，教师综合素质、专业化水平和创新能力大幅提升，培养造就数以百万计的骨干教师、数以十万计的卓越教师、数以万计的教育家型教师。教师管理体制机制科学高效，实现教师队伍治理体系和治理能力现代化。教师主动适应信息化、人工智能等新技术变革，积极有效开展教育教学。尊师重教蔚然成风，广大教师在岗位上有幸福感、事业上有成就感、社会上有荣誉感，教师成为让人羡慕的职业。

（三）新时代教师队伍建设的基本原则

第一，确保正确方向。加强新时代教师队伍建设，必须要确保中国特色社会主义办学方向，以落实立德树人根本任务、培养社会主义合格建设者和可靠接班人为出发点和落脚点，努力造就党和人民满意的高素质专业化创新

---

[1] 王定华. 新时代我国教师队伍建设的形势与任务[J]. 教育研究，2018（3）：6.

型教师队伍。坚持党管干部、党管人才，坚持依法治教、依法执教，坚持严格管理监督与激励关怀相结合，充分发挥党委（党组）的领导和把关作用，确保党牢牢掌握教师队伍建设的领导权，保证教师队伍建设正确的政治方向。

第二，强化保障措施。教育改革的成败，教师工作的成效，根本上取决于教师的地位待遇。必须坚持教育优先发展战略，把教师工作置于教育事业发展的重点支持战略领域，在规划上优先谋划教师工作，在经费安排上优先保障教师投入，在工作部署上优先满足教师队伍建设需要，拿出系列真招实招，对准广大教师最盼、最急、最忧心声，解决好教师队伍建设重点、热点、难点问题。

第三，突出良好师德。要把提高教师思想政治素质和职业道德水平摆在首要位置，把社会主义核心价值观贯穿到教书育人全过程，突出全员全方位全过程师德养成，推动教师成为先进思想文化的传播者、党执政的坚定支持者、学生健康成长的指导者，推动教师做学生锤炼品格的引路人、做学生学习知识的引路人、做学生创新思维的引路人、做学生奉献祖国的引路人。

第四，深化改革创新。改革是时代标志，是破解教师管理体制机制障碍的关键，没有改革就没有出路。改革越到深处，面临矛盾越多、难度越大，必须要抓铁有痕，踏石留印，攻坚克难，砥砺前行。要抓住教师队伍建设的关键环节，优化顶层设计，推动基层实践探索，破解发展瓶颈，把管理体制改革与机制创新作为加强新时代教师队伍建设的突破口，把提高教师地位待遇作为真招实招，增强教师职业吸引力。

第五，分类对应施策。我国东中西部区域经济社会发展差异、城乡发展差异，决定了不能同一标准衡量教育工作及成绩。同时，各级各类教育对教师队伍的需要也不相同。因此，要立足我国国情，借鉴国际经验，根据各级各类教师的不同特点和发展实际，考虑区域、城乡、校际差异，采取有针对性的政策举措，定向发力，重视专业发展，培养一批教师加大资源供给，补充一批教师创新体制机制，激活一批教师优化队伍结构。

第二节　研究型教师概念的提出与界定

在不同时代、不同历史背景下，对教师会有不同的期待和要求，教师会有不同的角色形象。随着新时代教师队伍建设国家战略的部署，教师教育被摆在了十分重要的位置，教师发展受到了广泛的重视。由此，教师角色转型也成为一个有价值的议题，需要从"经验型教师"向"研究型教师"转变。

一、研究型教师的研究现状

（一）国外研究现状

从 20 世纪 60 年代教师专业化运动开始，以提高师资素质水平为旨归的教师教育改革一直是各国教育改革的重要内容。英国、美国、芬兰、澳大利亚、德国、俄罗斯等国家在师资培养过程中较有特色，这些国家的有关学者、教育专家、研究人员等对研究型教师进行了有效探索。

劳伦斯·斯滕豪斯（Lawrence Stenhouse）是英国著名的课程理论家，在教育研究和探讨课程的设计发展方面做出了卓越贡献。劳伦斯·斯滕豪斯从课程理论出发，提出"教师即研究者"的概念，认为教师应主动参与到教学和课程研究中去。他在《课程研究和发展导论》一书中指出："课程的研究和发展是教师的责任，教师的工作不仅要被研究，而且要由教师自己来研究，对课程的研究意识是教师应当具备的一种素质。没有教师的发展，就没有课程发展。"劳伦斯·斯滕豪斯提出的"教师即研究者"的概念已经得到了广泛的认同与研究，其含义和外延得到了极大的丰富和扩展，成为世界性的思潮和未来教师发展的主流趋势。

《研究型教师与学校发展——美国教师研究纪实》一书中美国学者莫尔（Mohr. M. M.）等人指出：教师研究是一种体现意向性、系统性、公开性、自愿性、伦理性、背景性的探究活动。教师研究的意向性指研究首先要确定一个研究主题，要详尽考察教学的某一方面，并系统地收集和分析课堂教学资料。教师研究的系统性是指研究型教师可以采用各种方法和策略来记录研究过程，提出和论证假设，收集并分析定性和定量的数据，阐明理论和研究结果的含义。教师研究的伦理性是指研究型教师主要是对学生负责，而学生又是他们研究的主要受益者，既尽量使学生心悦诚服地认可自己的解释，也宽容大度地允许学生对这些解释有不同的理解。在美国研究型教师发展中，教师参与研究的"意向性"被放置在突出的位置。只有教师愿意参与研究，积极参与研究，研究的效率和成果才更有价值。①

在欧美发达国家中，芬兰比较重视研究型教师教育。通过梳理芬兰50年（1970—2020年）中小学研究型教师教育变革，发现芬兰中小学研究型教师教育历经三个重要时期：教师学历提升期（1970—1979年）、专业化教师教育定型期（1980—1999年）、研究型教师教育深化期（2000—2020年）。教师教育理念在变革中与时俱进，其特色教育目标上呈现出基于研究的理论与实践的整合性，教育内容上呈现出研究性课程在课程体系中的主导性，教育路径上呈现出基础水平到综合水平的纵深性。

苏联教育家苏霍姆林斯基指出："如果你想让教师的劳动能够给教师带来乐趣，使天天上课不至于变成一种单调乏味的义务，那你就应当引导每一位教师走上从事教育科研这条幸福的道路上来。"这一观点，指出了教师从事教育科研、做"研究型教师"的幸福要义。

国外学术界对研究型教师较为重视，在研究型教师的性质特征、培养机制、培训方式、课程体系等方面进行有效探索，并且有关欧美发达国家在研究型教师教育上具有成熟的机制和经验，可以为教师研究提供理论支持与分析框架。但是，国外学术界对研究型教师队伍建设的研究与实践还不够系统

---

① 崔莉萍. 浅论研究型教师发展的深化［J］. 新余学院学报，2013（8）：122.

化，有待进一步完善与提升。

（二）国内研究现状

教师教育质量关系着国家整体师资素质水平，教师教育改革是教师专业化的重要路径。随着教育改革形势的发展，加强教师专业化发展、建设高素质教师队伍受到了自上而下的重视。当前，我国教师培养已经由满足数量阶段发展到追求质量提升阶段，教师专业发展已经成为教师教育理论和实践的热点。研究型教师队伍建设作为教师教育的高级层次，在提高教师教育质量中具有重要的地位和作用。近20多年来，国内不少中小学一线教师、教育专家、研究者积极开展研究型教师培养及队伍建设的理论研究与实践探索。80年代以来，教师成为研究者的观念已在国内广为流传；90年代，关于"研究型教师"的探索逐渐增多。

在研究型教师的研究上，1995年，湖北庞大权提出"培养研究型教师，创建明星学校"；2004年，袁振国在著作《当代教育》中提出，教师的职业角色之一就是研究者角色；2007年，亳州师范高等专科学校方兴武对"研究型教师"培训模式进行探索，阐析了研究型教师培养模式的确立依据、实施环节、基本特征等方面；2009年，北京师范大学鲍传友出版的著作《做研究型教师》，阐述了教师进行教育教学研究的特征和价值，展现了其研究的过程、方法和技术；2010年，朱平出版的著作《研究型教师的美丽人生》，主要介绍了研究型教师进行科研指导工作的方法；2010年，湛江师范学院王林发提出了"创造式参与、研究型活动、实践性学习"研究型教师培养"项目学习"教学模式，该模式在培养师范生研究能力、专业发展能力，促进教师科研水平提高及教学与科研相结合等方面具有重要作用；2018年，邯郸学院李彦群、李丹对"核心素养"时代研究型教师培养进行探索，把培养"研究型教师"作为教师专业发展的最终目标，构建着实有效的制度和政策体系，营造研究风气和环境；2019年，北京教育学院杨瑞芬指出研究型小学教师品质的形成主要取决于整合性专业课程与教学方式、学习共同体、校际合作共同体、教师研究站四个因素。

在研究型教师队伍建设的研究上,1996年,辽宁朱正义提出"培养研究型的教师队伍创建全优化的教学体系";2002年,新疆顾华洋指出建设研究型教师队伍在我国"科教兴国"战略方面具有基础性的重要作用,提出坚持教育教学与科研并举、依法推动教师开展科研工作、重视科研管理工作等对策;2006年,福建省黄文龙认为,建设"研究型教师队伍"是教育发展的迫切需要,也是教师专业发展的需要,指出教师怠慢心理、知识技能缺陷、社会风气影响、学校管理缺失等主要困难,提出创设研训氛围、建立激励机制、加强规范管理、争取社会认可等应对措施;2020年,贵州省李玉恒认为,必须从学校制度、经济基础等方面,多角度来完善这一教改体系,才能形成团结向上的研究型教师团队。

上述研究对研究型教师培养及队伍建设的内涵、特征、意义、策略、模式和路径的探索较为碎片化,缺少系统性和全面性,尤其是对研究型教师队伍建设的校本化探索也较少,需要通过理论与实践相结合进行深入研究。

二、研究型教师概念的界定

关于研究型教师的内涵,很多专家、学者做了许多有价值的探讨,见仁见智,莫衷一是,这也正反映了研究型教师内涵的丰富多样性。

(一)研究

"研究"一词似乎令人心生敬畏。教师对"研究"既熟悉又陌生,还会夹杂着疑问和害怕,总认为研究是教育家或者科学家的事儿,不是自己的本职工作。"研究"在《现代汉语词典》中有两种解释:"一是探求事物的真相、性质、规律等;二是考虑或商讨意见、问题。"显然,教师的研究应属第一种含义。然而,研究因其主体、情境、问题、视角的不同而不同,表现出两种基本形态:专门研究与非专业性质的业余研究。前者是指那些以学术为业的专业人员所展开的正式研究，后者是指以非专业研究者在日常工作中所进行的非正规的探索活动。教师的研究是非专业性质的业余研究，是原生态的研究，与日常教育教学活动融为一体，更多地表现为教育教学过程的即兴创作。教师的研究是为了认识教育、完善工作、提升自我。①

（二）研究型教师

什么是研究型教师？这是教师从知识传授者向教育教学研究者的角色转变首先要明确的问题。当今社会，随着基础教育改革的发展，教师面临着多元角色冲突，其中从传统的"教学者"向"研究者"转变，从"经验型教师"向"研究型教师"转变，是教师专业发展的一个基本趋势。②

教师作为研究者，成为研究型教师，是基础教育改革的现实需要。20世纪七八十年代，劳伦斯·斯滕豪斯从课程实施的角度首先提出"教师作为研究者"的理论。他认为，在以过程原则为基础的课程中，教师应该扮演学习者和研究者的角色，它促使教师在教学上采用探究的方法而不是讲授的方法。美国学者玛丽安·莫尔（Marian M. Mohr）将研究型教师定义为会致力于探究活动的教师，强调教师在探究活动中，要秉持意向性、系统性、公开性、自愿性、伦理性、背景性原则。也就是教师在开展研究活动时，要确定研究课题，要尊重被研究者的个人意愿，同时要在一定的背景下进行研究。此处的"背景"也就是教与学的情境，只有在这样的背景中，才能充分发现问题，并在问题中找寻答案，同时将答案运用于实际教学之中。③

在国内，研究者陈红云认为，研究型教师是指在拥有多元知识结构和娴熟教学技能的基础上，还具有一定科研意识与科研能力，乐于在教育实践中不断探索教育规律和教育方法，并能自觉运用先进的教育思想和方法指导实

---

① 崔莉萍. 浅论研究型教师发展的深化 [J]. 新余学院学报，2013 (8)：122.
② 胡田庚，罗燕. 研究型教师的角色定位与成长路径 [J]. 教师教育论坛，2014 (3)：17.
③ 李梦茹. 芬兰研究型教师培养模式及其启示 [J]. 教师教育学报，2017 (6)：109.

践、提高教学效果、提升自身专业水平的教师。① 对研究型教师应具备的素质，有很多国内专家学者也都提出了各自的看法。陈玉平认为，研究型教师要具有先进的管理理念、独特的语言艺术、超强的驾驭课堂能力、主动捕捉信息的意识、积极进取的科研精神、善于反思的可贵品质。② 易斌认为，研究型教师的素质结构由高尚的师德修养、先进的教育理念、独特的创造性人格、精湛的教学技艺、突出的科研能力、独创的教育实践等几方面构成。③ 丁新胜提出，研究型教师的素养包括教育科研意识，以及教育科研的理论素养、能力素养和道德素养等。④

经综合研究分析，笔者认为，研究型教师就是将教学与研究有机结合，在教学中着力研究，探究教育教学的本质和规律，以研究促进教学，提升教育教学的质量和水平，并在教学和研究的不断追求中实现自我发展的教师。研究型教师是相对于"经验型教师"而言的一个概念，是具有较强的研究意识和研究能力的教师，是实施创新教育的骨干力量，是教师发展的高级阶段。

研究型教师显然区别于经验型教师，经验型教师是满足于经验积累和经验学习的教师，研究型教师具有先进的教育思想和教育理论，以反思意识和科研思维审视自己的教学实践，然后把教学实践中的成功经验加以梳理与提炼，上升为新的理性认识，有效地解决教学实践中的问题，并积极主动地去探索教育教学中的未知规律。

---

① 陈红云. 师范教育与研究型教师培养模式研究 [D]. 南昌：江西师范大学硕士学位论文，2006.
② 陈玉平. 论研究型教师应具有的个性品质 [J]. 教育探索，2006（02）：114-115.
③ 易斌. 研究型教师素质结构之我见 [J]. 成人教育，2004（12）：33-34.
④ 丁新胜. 论研究型教师的素质及其培养途径 [J]. 教学与管理，2006（6）：21-22.

三、研究型教师的主要特征

教育现代化不仅要求教师树立先进的现代教育观念，掌握广博的文化基础知识、精深的专业知识和扎实的教育科学知识，更要求教师具有适应现代社会和教育发展的综合能力，即更新知识和创新的能力；要求教师少些"匠气"，多些"研究气"；要求教师具有教学研究的意识和能力，提升教学实践性知识水平，促进教师专业发展，提高教育教学质量，由"经验型"向"研究型"教师转变，成为具有创新精神和实践能力的"研究型教师"。具体而言，研究型教师的主要特征主要体现在三个方面：先进的教育观念、复合的教学能力、良好的科研素养及合作与沟通能力。

（一）先进的教育观念

作为研究型教师，首先要有先进的教育观念。教育观念是教师在教育教学中逐渐形成的自我定位和对教育质量、学生成才标准、师生之间关系以及课程等方面的基本态度和看法。观念是行动的先导。一切先进的教育思想或教学方式如果不被教师教育观念接受，那么它所产生的成效是微不足道的。教师应该具有对新思想的吸纳能力，否则他会对新生事物持有一种顽固性的"排斥"态度。换言之，未来教师应该具有先进的教育观念。教师先进的教育观念包括先进的教师观、学生观、课程观和教学观。

1. 教师观

随着教育理论界"对教师的重新发现"，现代教师观认为：教师也是成长和发展的对象。教师不仅要在培育学生的同时追求自身素质的提高和专业水平的不断发展，而且要尽快实现自身角色的根本性变化。现代教育要求教师成为学生学习的促进者和教育教学的研究者，教师在教学过程中要以研究者的心态置身教学情景，以研究者的眼光审视和分析教学理论与教学实践中的各种问题,对自身的行为进行反思,对出现的问题进行探究,对积累的经验进行总结,使其形成规律性的认识。① 只有教师具备了创造精神,才能传授知识不限课本,评价学生不唯分数,判断是非不畏权威,重视学生特长,鼓励学生独立思考,做学生"生活的导师和道德的引路人"。可见,教师的角色需要转换。

2. 学生观

学生观是教师对学生的态度和基本看法,影响到教师的教学方式、方法和学生的发展。现代学生观要求教师充分发挥学生的主体性,让学生参与到教学过程中来,并真正成为课堂的主人。这就要求教师在施教和对学生的管理过程中,充分信任学生,相信每个学生都有巨大的发展潜力和自主意识,相信每个学生都有一个光辉灿烂的明天,相信每个学生都能健康、和谐地发展,相信每个学生都有独特的个性与丰富的精神生活。教师只有持有这样的学生观,才能真正地尊重学生、关心学生、理解学生。

3. 课程观

教师发展与课程改革是一对相互促进的因素。教师发展是课程发展的前提条件,教师素质的提高利于课程的不断完善;课程改革是促进教师发展的动因,内在地要求教师专业发展并提供新途径。在我国目前的课程改革中,课程观发生了由知识形态的课程观向生命形态课程观的重大转变,体现了以学生发展为本的理念。课程观认为课程不仅仅是以教学计划、课程标准、教科书等作为呈现方式的"文本课程",而更是被教师与学生实实在在体验到、感受到、领悟到、思考到的"体验课程"。每一位教师和学生对给定的课程内容和意义都有其自身的解读,以使给定的内容不断转化为"自己的课程"。教师和学生不是外在于课程的,而是课程的有机构成部分,是课程的主体和创造者,他们共同参与课程开发的过程。这种课程观内在地要求教师在课程改革中发挥主体性作用,形成强烈的课程意识。

4. 教学观

---

① 朱慕菊. 走进新课程:与课程实施者对话 [M]. 北京:北京师范大学出版社,2003:125-126.

教学观是教师对教与学的基本态度和看法，对教学活动具有根本性的影响。在传统教学中，教学观表现为以教为中心，以教为基础；教师是知识的宝库，是有学问的人，没有教师对知识的传授，学生就无法学到知识。教师成为课堂的主宰，所谓教学也就成了教师将自己拥有的知识传授给学生的过程。这种教学排斥了学生的思考和个性造成对学生智慧的扼杀和对个性的摧残。研究型教师的教学观发生了重要变化，它强调教学过程是师生交往、共同发展的互动过程，是师生对知识的共同探究过程。教师要尊重学生人格，关注学生差异，满足不同需要，引导学生质疑、探究，并使学生都能得到充分发展。它强调教学是教与学的交往、互动，师生双方相互交流、沟通、启发和补充。在这个过程中，教师与学生分享经验和知识，交流情感和体验，以求得新的发现，进而实现教学相长和共同发展。同时，教师的专业水平也得到提高。[1]

（二）复合的教学能力

根据有关教师教育教学能力研究，教师应具备三个层次的能力：一是教学的基础能力，包括观察力、记忆力、想象力、思维力和注意力；二是教学的一般能力，包括自学能力、表达能力、组织能力、教育机智和专科能力；三是教学的具体能力，包括教学设计能力、教学实施能力、学业检查评价能力。作为研究型教师，除了掌握基本的教学能力之外，还需要教育创新和探究的能力，批判性思维和实践反思的能力，与社会、学生交往沟通的能力，运用现代教育技术、改进教育教学手段和方法等复合的能力。总之，教师要通过复合的教育教学能力，推进课堂教学创新与转型，培养学生的创新精神和实践能力，促进学生全面发展。这里主要阐述研究型教师所要具备的四种教学能力：教学设计能力、教学监控能力、教学探究能力和教学反思能力。

1. 教学设计能力

---

[1] 温勇.研究型教师的成长与发展——中小学教师专业发展研究 [D].曲阜：曲阜师范大学硕士学位论文，2004.

研究型教师要掌握和灵活运用归纳、演绎等一般学科教学分类的方法，掌握开展学科教学技能整体设计的策略。研究型教师要超越教材（不以教材为中心）、超越模式（力争教育创新）、超越自我（以学生为中心），能根据学生实际，改编教材，设计编写练习，设计学生课外活动方案等。同时，研究型教师要有过硬的实施教学的能力，在具体的教学中，要营造一种合作的而非单一的、探究的而非灌输的、开放的而非封闭的教学氛围。

2. 教学监控能力

教学监控能力是研究型教师素质的核心，其实质是教师对自己教学活动的反馈调节，是教师对自己教学活动的自我意识。教师只有积极参加教育科研，才能逐步养成对自己教学活动的经常性自觉反省，进而提高教师的教学监控能力。所谓教学监控能力，是指教师为了保证教学的成功，达到预期的教学目标，而在教学的全过程中，将教学活动本身作为意识的对象，不断地对其进行积极、主动的计划、检查、评价、反馈、控制和调节的能力。教学监控能力的培养，是从微观上改变教师角色，促使他们从"经验型"向"研究型"教师转化的核心要素，也是教师学会如何教、学生学会如何学的关键。

3. 教学探究能力

教学探究能力，是指教师带有一定的问题意识，在教育教学理论的指导下，能够发现教育教学中存在的潜在问题，善于找出合理的解决方法，进而指导教育教学实践、提高教育教学质量和效益的能力。新课程改革的重要目标之一是倡导学生主动参与、乐于探究、勤于动手，培养学生搜集和处理信息的能力、获取新知识的能力、分析和解决问题的能力，以及交流与合作的能力。学习不再是一种异己的外在的控制力量，而是一种发自内在的精神解放运动。现代学习方式以弘扬人的主体性为宗旨、以促进人的可持续性发展为目的。[1]它倡导学生由传统的学习方式向研究性学习转换。在学习过程中，教师要注重培养学生的批判意识和怀疑精神，鼓励学生对书本知识的质疑和对教师的超越，赞赏学生富有个性化的理解和表达。所以，学生学习方式的

---

[1] 朱慕菊. 走进新课程：与课程实施者对话［M］. 北京：北京师范大学出版社，2003：113-116.

变革内在地要求教师探究能力的培养,成为研究型教师素质中不可或缺的重要组成部分。①

4. 教学反思能力

教学反思能力包括对教学设计、教学实践过程、课堂学生学习行为和教学质量评价等方面的反思。面对教育中层出不穷的问题,教师只有不断反思自己的教育教学行为,才能不断使教育教学工作富有成效。如果尚能正视教学中存在问题的话,我们就不难发现,在教育活动中存在着诸如学生课业负担过重、教师疲于奔命、师生之间相互抱怨等大量的教育弊端。对此,教师有责任不断思考自己的教学行为,思考教育现象背后的根源,以便促进自身成长和教育的不断完善。美国心理学家波斯纳(Posner,G.)提出了教师成长的公式:成长＝经验＋反思。反思是教师成长的关键因素。教师应尽快提高教学反思能力,惟其如此,才能打破传统教学观念的束缚,尽快成长为研究型教师。

(三)良好的科研素养

教育科研将理论认识和实践探索融为一体,它是有计划、有目的的认识活动,也是发现问题、分析问题和解决问题的实践活动。关于教育科研的地位和作用,《中华人民共和国教育法》明确规定:"国家支持、鼓励和组织教育科学研究,推广教育科学研究成果,促进教育质量提高。"《中共中央、国务院关于深化教育改革,全面推进素质教育的决定》要求教师"遵循教育规律,积极参与教学科研,在工作中勇于探索创新"。中小学实施素质教育,要培养学生的创新精神和能力,许多理论和实践问题有待研究和解决。因此,要适应创新教育的教师,应该具备教育科学研究的素养。研究型教师的培养是一个非常复杂的问题,但正是因其复杂性才体现出研究型教师内涵的丰富性。研究型教师应当具有强烈的科研意识、较高的科研能力和有效的科研方

---

① 温勇.研究型教师的成长与发展——中小学教师专业发展研究[D].曲阜:曲阜师范大学硕士学位论文,2004.

法，富有创新精神和良好的合作沟通能力。

1. 科研意识

科研意识的确立对中小学教师素质和教育质量提高具有关键性的作用。教育研究源于教师的问题意识。没有问题意识、缺乏探究精神，就难以发现教育教学中潜在的问题；没有问题意识和敏锐发现问题能力，就难以改进教学。教师只有在日常教学实践中，感受到了问题的存在，才能引发其研究的动机。所以，我们才要求教师具有高度自觉的"研究意识"，以研究主体的眼光审视教学过程，彻底摆脱指令性课程范式下作为课程依附者和消极执行者的被动角色。若要优化教师的科研素养，就应当使教师的"研究意识"渗透到日常具体的教学生涯中。[①] 因此，在教师成长过程中，必须牢固树立科研意识，养成理论学习的习惯，加强教育研究与教育实践之间的紧密联系，逐步确立"教师即研究者"的观念，提高解决教学实际问题的能力。

2. 科研能力

教育科研能力是指研究学生及教育实践的能力，它是提高教育质量和发展教师自身专业能力的必要条件。教师的研究能力，首先表现为对自己的教育实践和周围发生的教育现象的反思能力，善于从中发现问题、发现新现象的意义，对日常工作保持一分敏感和探索的习惯，不断地改进自己的工作并形成理性的认识。教育研究应该成为教师的一种专业生活方式，他们自己创造着自己的专业生活质量，这是教师在专业工作中自主性和自主能力的最高表现形式。教师研究能力的进一步发展是对新的教育问题、思想、方法等多方面的探索和创造能力，这样将使教师的工作更具有创造性和内在魅力。[②] 具有较强的教育教学研究能力的教师，能够善于在教育教学实践中发现问题、分析问题，在理论指导下针对问题进行研究，把握一般规律并指导教育教学实践活动，求得教育教学质量实际效益的提高。

3. 科研方法

在教育科学研究中，忽视科学研究方法论指导的倾向在中小学教育中严

[①] 潘涌. 论"科研兴校"的着力点——校本教学研究 [J]. 教育理论与实践，2003 (9)：29-32.

[②] 叶澜. 新世纪教师专业素养初探 [J]. 教育研究与实验，1998 (1)：46.

重存在。绝大多数中小学教师对日常教学的改进只是凭借经验积累，而不是对于教育科研方法的学习。所以，教师要"秉承科学方法论的指导，以避免盲目的实践和不必要的错误，进而更好地发挥自己的特长，更快地提高自己的科研能力和水平"。[①] 在新课程改革的背景下，教师有了更多的研究机会，更应加强教学科研方法的学习。方法论的指导可以保证教学研究的正确方向，尽快提高研究者的科学素养。在众多的研究方法中，教育行动研究在中小学有其独到的优势。作为研究型教师，要学会在教育行动研究的不同阶段采用不同的具体研究方法，如问卷调查、访谈、座谈、观察和个案研究等。

4. 创新精神

教育科研是一项极具创造性的认识活动，教育教学实践是教育创新的土壤，要创新就要立足实践。在教育研究的复杂过程中，我们需要冲出传统思维的藩篱，运用创新精神来解决实际遇到的各种实际问题。因此，要使教师真正承担起培养人的创新精神和实践能力的重担，就必须不断促进教师从传统经验型向研究型转变。另一方面，在开展教育研究和解决问题的同时也促进了教师创新能力的提高及其专业素质的发展。只有具有创造性的教师，才有可能培养学生的创新精神和创造能力。教师要在教育教学中积极探索，勇于创新，敢于批判，以研究者的眼光审视教学中存在的问题和司空见惯的教学环节，探索新的教育教学模式和方法，善于积累和反思，打破思维定势，发挥教师的创造潜能。

5. 合作能力

马卡连柯说："在一个紧密联结在一起的集体内，即使是一个最年轻的、最没有经验的教师也会比任何一个有经验和有才干的，但与教育集体背道而驰的教师能做出更多的工作。"[②] 可见，教师之间的合作对教学工作具有非常重要的作用。合作可以帮助教师克服自身信息局限，打破个人思维定势，彼此可以互享优势，有利于教师拓宽教学思路。良好的合作与沟通能力是研究型教师必备的素质，这是他们之间相互支持，真诚合作，共同研究并解决教

---

① 姚利民. 论教师开展行动研究 [J]. 湖南大学学报（社会科学版），2001（2）：170-174.

② 傅道春. 教师的成长与发展 [M]. 北京：教育科学出版社，2001：160.

育教学问题的基础。作为一位追求进步的教师，不仅要学会与同事合作，而且要学会与学生合作。在合作研究中，作为研究主体的中小学教师能否同教育科研人员、教育理论工作者处理好关系，是研究取得成功的先决条件。中小学教师不但要在研究中通过不断的反思、虚心求教和沟通，不断提升自己的思想认识水平和教育科研能力，而且要积极主动参与研究，敢于提出自己的见解。需要指出的是，这种合作与沟通是平等的，教师不要过分依赖专家。①

第三节　研究型教师队伍建设意义

教师承担着传播知识、传播思想、传播真理的历史使命，肩负着塑造灵魂、塑造生命、塑造新人的时代重任，是教育发展的第一资源，是国家富强、民族振兴、人民幸福的重要基石。党和国家历来高度重视教师工作。党的十八大以来，以习近平同志为核心的党中央将教师队伍建设摆在突出位置，作出一系列重大决策部署，各地区各部门和各级各类学校采取有力措施认真贯彻落实，教师队伍建设取得显著成就。广大教师牢记使命、不忘初心、爱岗敬业、教书育人，改革创新、服务社会，作出了重要贡献。随着时代和社会的发展，世界各国都对科技和教育予以极大的关注和重视。加强中小学研究型教师队伍建设是现代社会和教育发展的需要，符合世界教师发展的趋势，体现了现代社会和教育对教师的要求。同时，有关教师成长的理论认为，教师的成长不是个人的事，而是有赖于教师群体形成的"教师文化"。研究型教师队伍建设，一方面，说明教育需要大批的研究型教师；另一方面，说明教师个人的成长需要教师之间的合作，群体的研究氛围有利于促进个人的发展。

---

① 温勇. 研究型教师的成长与发展——中小学教师专业发展研究［D］. 曲阜：曲阜师范大学硕士学位论文，2004.

中小学研究型教师队伍建设对于适应现代社会发展、促进教育优先发展、推动学校品牌发展，具有不可低估的重要意义。

一、研究型教师队伍建设是适应现代社会发展的必然要求

21世纪，经济全球化、社会信息化，以高新技术为核心的知识经济将占主导地位，科学研究和技术创新体系成为知识经济的后盾，而信息密集和不断创新成为知识经济的主要特征。国家的综合能力和国际竞争能力将越来越取决于教育发展、科技进步和知识创新的水平。为此，许多国家政府把发展和振兴教育作为首要任务和基本国策，教育正经历着深刻的变革和发展。当前，我国教育事业的现状与适应21世纪挑战的需要还有很大差距。教育发展水平仍然偏低，教育思想观念、教育内容方法、人才培养模式等尚不能适应科学技术迅猛发展和社会进步的需要。缺少具有国际领先水平的创造性人才，已经成为制约我国民族创新能力和竞争能力的主要因素。经济全球化、社会信息化的现实背景，要求教育要适应时代和社会发展。教师是教育改革的实践者、实施者，如果教师自身没有不断学习和研究的意识，不具备大胆创新和实践的能力，则很难培养出适应21世纪经济全球化、社会信息化、具有创新精神和实践能力的高素质的人才。经济全球化、社会信息化呼唤研究型教师。

（一）经济全球化

新一轮科技革命带来生产力的高度发展，为经济全球化奠定了物质技术基础；同时，跨国公司的长足发展和市场经济体制的实现，为经济全球化打下了一个微观基础和制度基础。这一切说明经济全球化是当今世界经济发展的客观趋势，是不以人的意志为转移的。进入新时代后，中国的现代化建设

更将在经济全球化的国际环境下进行，这对教育的影响是十分深刻的。因此，教育要培养适应国际经济交流和国力竞争需要的人才，尤其是具有创新能力的高素质人才，以适应经济全球化的必然要求。这对广大教师来说，无疑是一个很大的挑战，经济全球化呼唤研究型教师。

（二）社会信息化

随着网络时代的到来，现代化信息技术得到广泛使用，信息和知识急剧增长，社会信息化已成为事实。在这一背景下，"学习不再被看作仅仅是人生的早期阶段所从事的一种典礼或仪式，跨越时代、时间和空间阻隔的信息和通信技术的持续和广泛使用给我们带来了终生学习的机遇"。可见，在信息化社会，一方面，信息向社会开放，教师不再是知识的权威，社会成员只有不断学习，不断更新知识和技能，才能适应社会的发展，教师更是如此；另一方面，教授某种体系的知识或技能是远远不够的，社会要求学习者具备较高的素质——解决问题的能力、创新能力等。因此，教师要具备信息化社会所要求的教育能力，即培养学生更新知识、解决问题和创新的能力，而这一能力的获得要求教师由知识的传授者转变为教育教学的研究者，社会信息化呼唤研究型教师。

二、研究型教师队伍建设是促进教育优先发展的重要保障

一所学校有没有活力，有没有向上的力量，有没有竞争力，教师是关键。那么，教师的力量从何而来？从教师的发展中来。教师发展是提高教育质量的关键，是学生发展的根本保障。在人类为社会发展、文明传承、技术进步、素质提升、道德完善而组织进行的现代教育事业中，教师是一切教育活动的主导者，是一切教育行为的实践与变革者。教师水平的高低决定了教育质量

的高低。建设研究型教师队伍，既是教师自身可持续发展的要求，也是科研兴校、持续快速提高学校教育教学质量与办学效益的必然选择。促进教育优先发展，加强研究型教师队伍建设正是一个重要保障。

（一）研究型教师是推动教育高质量发展的中坚力量

国家的兴旺发达离不开教育的发展，而教育的发展离不开教师的努力，教师是教育发展的主要推动力。教育高质量发展，需要高素质专业化创新型教师，也即研究型教师。研究型教师是推动教育高质量发展的中坚力量。在现代教育体系中，要推动教育高质量发展，教师只有具备完整的知识结构、高超的教学能力、高尚的师德修养、不懈的专业追求、无私的奉献精神，才能真正实现教书育人的根本目的。显然，无论是从历史还是现实看，发展与提高教育，都必须发展与提高教师素质。要办一流的教育，就必须造就一流的教师队伍；而研究型教师队伍即是一流的教师队伍。正是在充分认识到教师对学生、对学校、对教育乃至对国家民族所具有的决定性意义基础上，习近平总书记在 2014 年教师节与北师大师生座谈时就明确指出："一个人遇到好老师是人生的幸运，一个学校拥有好老师是学校的光荣，一个民族源源不断涌现出一批又一批好老师则是民族的希望。"因此，在新时代，要推动教育优先发展，就必须以更加高度的政治自觉与更加有力的政策措施，确保教师队伍建设优先发展。

（二）研究型教师是培育创造性人才的关键因素

研究型教师应当是新观念、新知识和新技术的先行者，应当具有强烈的创新意识和创造精神，同时也要为学生营造出创新的学习环境和气氛，培育学生的创新精神。这是开展素质教育和创新教育的必要条件。研究型教师用自己的课题研究，向学生示范最新的研究成果或者创新成果，使学生能够有机会积极参与受教育的过程，让学生感到学习知识是一种创造的行为。在研究型教师教育下的学生与众不同之处，在于他们是在一种研究性的学习中成长的，完全被浸润在这种创造性与探索性的学习氛围之中，有强烈的求知愿望和探究精神。如果教师不进行科研活动，只是认认真真地教书，做一个忠实的教书匠，那他的行为与实施素质教育的要求是不相适应的，也不能够培育出综合素质达标、具有一定创新能力的合格学生。建设能够适应社会主义现代化建设的创造性人才队伍，是全面推进素质教育要达到的目标。提高各级各类学校教师的科研能力，加强研究型教师队伍建设，是实现培育创造型人才目标的第一步。缺乏这个关键环节，是不可能培育出创造型人才的。

三、研究型教师队伍建设是推动学校品牌建设的重要举措

品牌是学校形象的一种标志，它是一所学校在长期的教育实践过程中逐步形成并被公众认可、具有特定文化底蕴的一种无形资产。品牌不是物化形态的实体，而是学校的声誉、历史及社会对其认知的总和。学校品牌建设的过程，就是学校通过自身努力，不断扩大知名度、美誉度和可信度，增强社会影响力的过程，其本质是追求学校教育的优质化。在当代社会，品牌的建设对学校来说至关重要，因为它关乎着一所学校的前途和命运，更体现着一种深厚的学校文化。学校要发展，关键在教师。学校要品牌发展，关键在高素质的品牌教师。学校品牌建设的成败在于教师队伍建设。建设一支素质优良、结构合理、理论水平高、专业发展快的研究型教师队伍，是学校品牌建设的根本大计，也是学校品牌建设的重要举措。

（一）研究型教师队伍建设是"科研兴校"的重要抓手

"科研兴校"是科教兴国战略对中小学的必然要求。科研兴校的含义就是在专家引领下，通过教师全员参与教育科研活动，提高全体教师素质，解决教育教学中的实际问题，提高教育质量和效益，实现学校品牌发展。创建学

校品牌的实践证明：教育科研是学校品牌的最大"看点"，教育科研是学校展示和提升自己形象的最佳平台，用教育科研打响学校的品牌是最优的路径。有很多品牌学校都是在科研活动中脱颖而出，因为自己在教育科研领域的开拓性贡献而被人们认识并记住。教育科研是教育事业发展的第一生产力。在学校品牌建设过程中，教育科研是最重要的支撑力量。只有坚定地依靠教育科研，学校品牌才能站得住、立得稳、响得远。研究型教师队伍建设是"科研兴校"的重要抓手，能够提高学校的教育科研水平，增进学校的教育科研实力，让学校加快实现"科研兴校"的美好愿景。品牌学校不但要出成绩，更要出科研成果、出办学经验、出教育思想。在科研活动中，学校的教育智慧得到释放，教育创意不断涌现，教育思想日趋成熟，教育精神不断丰富，教育境界不断提升，教师从研究中成为名师，校长从研究中成为大家，学校从研究中成为品牌。

（二）研究型教师队伍建设是学校品牌建设的重要部分

清华大学老校长梅贻琦先生曾经说过这样一句话："所谓大学者，非谓有大楼之谓也，谓有大师之谓也。"这凸现出教师队伍在学校品牌建设中的重要地位。学校品牌建设的最终目的就是把不同学校区别开来，促进学校之间的良性循环。教师队伍的形象是学校品牌设计的一个重要环节，教师是令学生最为忠诚和信任的"品牌"。教师在当今中国的教育系统中担任着"生产者"的角色，更为准确的定义，可以说他们既是知识的生产者，又是知识的传播者。教师也是利益相关者的重要组成部分，但教师也不同于学生和家长等其他利益相关者。教师队伍的优劣直接关系到教育产品的优劣，关系到学校品牌的优劣。一所学校师资队伍的强弱直接反映了教学质量的高低，这也是其他利益相关者评价学校品牌最为直接的依据。只有拥有一流的师资，才能培育出一流的学生，才能建立起一流的"学校品牌"。在教育市场日益激烈的今天，学校要想在竞争中获得生存和发展，就必须重视对师资队伍的建设，全力引进优师、名师，为学校品牌建设打下基础。[①] 研究型教师队伍建设，正是学校品牌建设的重要部分，最能让学校提升办学内涵，产生办学效益。

综上所述，教师是文化知识的使者，是国家振兴的希望。研究型教师是高素质专业化创新型教师中的先进代表。研究型教师培养是教育现代化的时代呼声，是基础教育改革的必然要求，是教师专业发展的现实需要。加强新时代教师队伍建设，对教育发展、社会发展和国家发展具有十分重要的作用，具有基础性、全局性和战略性的重要意义，已被摆在前所未有的战略地位。我们必须正确把握研究型教师的内涵、特征和意义，深入开展研究型教师教育研究，加强教育现代化视域下研究型教师队伍建设，适应教育改革的形势，推动教育高质量发展。

---

① 张宇. 学校品牌建设策略研究 [D]. 泉州：华侨大学硕士学位论文，2010.

第二章 研究型教师队伍校本建设的路径

基础教育改革课程实施成功与否，教育高质量发展水平如何，跟教师紧密相关，而教师的素质、态度、适应和提高则是一个关键因素。当今时代，教师不再是知识的传授者，而应是学生学习的促进者；教师不再是只教书的"匠人"，而应是拥有正确观念、懂得反思技术、善于合作的探究者。成为"研究型教师"，是学校和广大教师与时俱进，自我更新，全面提升综合素质和创新能力，并在竞争中处于不败之地的正确选择。然而，对于学校而言，研究型教师的培养是一项极具挑战性的艰巨任务，研究型教师队伍建设更是一项具有战略性、综合性、系统性的大工程，要获得成功实非易事。那么，研究型教师队伍校本建设的路径有哪些呢？这里，我们首先对研究型教师队伍校本建设的困惑进行全面反思与梳理，然后对研究型教师队伍校本建设的原则进行深入分析和解读，最后提出研究型教师队伍建设的实施途径。

第一节　研究型教师队伍校本建设的困惑

当今世界正处在大发展大变革大调整之中，新一轮科技和工业革命正在孕育，新的增长动能不断积聚。中国特色社会主义进入了新时代，开启了全面建设社会主义现代化国家的新征程。我国社会主要矛盾已经转化为人民日益增长的美好生活需要和不平衡不充分的发展之间的矛盾，人民对公平而有质量的教育的向往更加迫切。面对新方位、新征程、新使命，教师队伍建设还不能完全适应。有些教师素质能力难以适应新时代人才培养需要，思想政治素质和师德水平需要提升，专业化水平需要提高。时代越是向前，知识和人才的重要性就愈发突出，教育和教师的地位和作用就愈发凸显。各级党委和政府要从战略和全局高度充分认识教师工作的极端重要性，把全面加强教师队伍建设作为一项重大政治任务和根本性民生工程切实抓紧抓好。作为教师队伍建设的高级层次，学校在研究型教师队伍建设上更是遇到很多的困惑，面临着很大的挑战。

一、教师队伍的整体科研素质不高

从教师队伍整体情况来看，教师整体的科研素养和科研能力不高，还有待提升。"教师二次发展论"提出：第一次发展——高原期——第二次发展。一个优秀教师的成长至少需要两次成长构成。一个教师要走向成功，仅有第一次成长是不够的，起决定性作用的是第二次成长。当前教师成长遇到的瓶颈，不是第一次专业成长，而是第二次专业成长。教师的教育科研理念落后、科研发展水平偏低、职业倦怠心理严重等因素，制约着广大教师的"二次发展"，也制约着他们成长为研究型教师。

（一）教师教育科研理念落后

很多中小学教师教育科研理念落后，对教育科研持有片面的和不科学的认识，这严重影响到各个学校中研究型教师的发展和科研活动的顺利开展。第一，中小学教师在面对教育教学科研的定位时，有一部分人认为它是专职教育研究人员的工作，并且认为科研的难度很大，是很高深的研究，自己缺乏科研能力，根本就完成不了科研任务，因此未能从观念上主动把教师、教学实践和教育活动与科研紧密联系起来，更谈不上在实际行动方面积极地进行科研活动。第二，在教师队伍中会有小部分教师持有教育教学科研无用论，这种观点认为教育教学科研的开展是一种跟随潮流、赶时髦的行为，是学校为了服从上级的安排和响应号召所采取的一项举措，况且教师本来承担的教育教学任务就相当繁重，并没有充足的额外时间去进行科研活动，从事教育教学科研只会增加教师们的负担。第三，认识不到教育教学科研的紧迫性。未曾进行过教育教学科研活动的教师，他们认为教师的职责是教育学生和传播知识，习惯于经验性教学。面对教育和教师专业化不断发展所赋予的研究者这个角色时，教师们没有迫切认识到专业化的发展与科研研究之间的紧密联系。①

（二）教师科研发展水平偏低

相当一部分中小学教师科研发展水平偏低，难以独立承担具有一定级别的教育科研任务，也较少有特色化或创新性的科研成果。第一，教师教育科研理论知识基础薄弱。现在中小学中工龄较长的教师大多毕业于专科院校或者中专师范院校，他们学习的主要内容为学科专业课程，与教育教学有关的教育类课程相对来说开设的比较少，并且课程内容陈旧老套，课程形式也比较单一，科研研究的知识涉及的更是微乎其微。第二，教师教育科研方法缺失。在研究过程中，科研方法的科学运用对整个研究活动起到一个引导性作用，决定着科研成果的科学程度。但是，在中小学教师队伍中普遍存在着一个倾向，即在很大程度上忽视教育科研研究方法的科学指导，过分注重经验的作用，使得教育科研活动的科学性不强。科学的研究方法对科研活动具有一定的指导性作用，避免科研研究走入误区，防止科研成果出现无效性和盲目性。②

（三）教师职业倦怠心理严重

教师职业倦怠心理是指个体在长时间的工作压力下和情绪紧张的职业工作环境中所表现出来的一系列心理状态、生理综合征，这是由于无法应对外界所给予的超出个人能力和精力的要求而产生的身心疲惫的心理状态。人都是有惰性的。随着时间的消磨，如果没有一定的生命提醒，没有相应的激励措施，这种惰性就可能不断蔓延，以致成为生命常态。对于教师来说，就会感到工作单调、生活乏味，产生职业倦怠感，职业幸福感也随之消退。况且，

---

① 刘海勤. 教师专业化视角下中学研究型教师的发展研究 [D]. 南充：西华师范大学硕士学位论文，2016.

② 刘海勤. 教师专业化视角下中学研究型教师的发展研究 [D]. 南充：西华师范大学硕士学位论文，2016.

教师的这种惰性，还会在有意无意之间传染给学生，让他们也产生不良情绪。教师这个职业具有特殊性和复杂性，培养学生的工作本身对教师而言就是一种自我挑战，还需要投入精力和花费时间去进行有关教育教学问题的深层次思考和研究。长期工作在这样紧张、压力大的环境之中，教师容易产生职业倦怠心理。教师一旦形成职业倦怠心理，就会产生心理综合征，厌烦繁忙的教育教学工作，无心思学习新的科研知识和理论，对从事教育科研活动的积极性不高，长期下来思维易僵化、观念陈旧，影响着教师的研究活动，甚至会形成教师对教育科研排斥、反感的心理状态。这样的教师专业发展问题，是一个普遍性教育难题。

二、学校层面的教师队伍建设欠缺

很多学校对研究型教师队伍建设不够重视，理念较为陈旧，未能充分认识到教师队伍建设的重要意义，并且其培养目标、内容、机制等更多趋向于经验型教师，因此难以促使教师突破"二次发展"，培养出一定数量的研究型教师。总的来说，学校层面的教师队伍建设欠缺，不少学校未能建立一支高素质的研究型教师队伍，有力推动学校教育改革创新发展。究其原因，主要是这些学校不够重视教育科研、缺少科研制度保障和缺乏科研价值引领。

（一）学校不够重视教育科研

研究型教师的成长需要来自多方面的支持，不仅需要教师自身的科研素养、科研能力等这些内在因素，而且需要投入大量的资金、物力和人力等这些必备的外在因素，以促进研究型教师的发展，同时学校领导的重视程度和大力支持也必不可少。但是，不少学校领导对教师所进行的教育科研活动未能给予积极的支持和高度的重视。学校领导依旧认为学生的成绩和升学率才是提升学校影响力的关键因素，大部分教师从事科研活动会分散精力和时间，无法保证完成每天的教学任务和进行辅导学生学习工作，会导致学生成绩下降，进而影响学校升学率。此外，有些学校在未提供给教师充分的支持和指导的状况下，要求每位教师进行科研研究，还必须保证每人有独立的研究课题，这种做法只是为了迎合教育发展中的一个潮流，而完全忽视了教师的实际状况，如教师是否接受从事科研活动，以及是否具备了科研素养和科研能力等问题。

（二）学校缺少科研制度保障

科研制度包括科研工作规范，各种奖惩制度。为保证科研工作顺利进行，学校应制订科研立项、实施、总结、推广等工作机制。为了调动教师参与教育科研的积极性，学校还应制订相应的考评奖励制度，让科研工作能同教师的评优评先、职称聘用、职务晋升等切身利益联系起来，让科研管理制度化、规范化。然而，很多学校实际上缺乏科学的、系统的科研制度保障。首先，学校的教师校本培养机制比较滞后、培养模式比较单调，对研究型教师未能作好科学性、系统性的培养规划，缺乏反思性教学教研指导，缺乏教育专家的学术引领。其次，科研活动管理制度内容单一、管理制度保障不健全和职责分工不明确，并且部分学校只重视教师的科研成果和论文的发表级别，不重视教师科研成果的推广和应用。再次，学校缺乏良好的科研评价体系，对教育科研的奖励和科研成果的评价不够重视。现有的教育体系都是侧重于对成绩和升学率的奖励，而对科研成果的物质奖励却是微乎其微；学校缺乏科研激励机制，使得教师的教育教学科研工作失去动力源。

（三）学校缺乏科研价值引领

马斯洛需求层次理论认为："人的需求包括生理、安全、归属与爱、尊重和自我实现等五类。其中，自我实现是最高层次的需要。"要促使教师不断地自我成长，既需要外在的刺激手段，也需要重视并激活教师的内在需求。制度、考评、奖励、绩效这些都是外在的刺激手段，是促进教师自我成长的外在因素。教师的内在需求，主要是实现自己人生的价值，提高自己的生命质量。外在刺激和内在需要构成了教师成长的持久动力。教师应从内在层面而不是仅仅从外在层面实现自己的人生价值，这样内心才会真正产生成就感和幸福感，实现"幸福发展"。苏霍姆林斯基曾说："如果你想让教师的劳动能够给教师带来乐趣，使天天上课不至于变成一种单调乏味的义务，那你就应当引导每一位教师走上从事研究这条幸福的道路上来。"教育科研成就教师幸福。然而，由于学校未能充分认识到教育研究的幸福文化价值，忽视价值引领在教师培养上的重要意义，未能创设让教师实现人生价值的条件与平台，以致教师未能充分满足内在需求，迷失在"科研幸福发展"的路上。

三、其他方面不利科研因素的影响

教师队伍建设是一项战略性、长期性、系统性的工程，现阶段仍然受到诸多不利因素的影响，如有的地方对教育和教师工作重视不够，在教育事业发展中重硬件轻软件、重外延轻内涵的现象还比较突出，对教师队伍建设的支持力度亟须加大；师范教育体系有所削弱，对师范院校支持不够；教师特别是中小学教师职业吸引力不足，地位待遇有待提高；教师城乡结构、学科结构分布不尽合理，准入、招聘、交流、退出等机制还不够完善，管理体制机制亟须理顺。在研究型教师队伍建设中，学校更是面临着不小的挑战，需要克服不少的困难。

（一）地方教育部门支持力度不够

研究型教师的发展与教师教育改革紧密联系在一起。为促使研究型教师理念深入人心，倡导广大教师积极从事教育教学科研活动，需要地方政府教育行政部门的大力支持。但是，目前而言，地方政府教育行政部门对教育科研支持的力度不够，主要表现在三个方面：第一，教师科研活动经费不足。

教师科研活动的开展需要一定的科研经费，经费的保障是中小学教师有效开展科研活动的核心。教师外出调研、搜集教育教学科研信息和资料、购买相应的科研书籍和教育理论书籍都需要经费的支出；然而这方面还是有所欠缺，部分教师因为缺少科研经费的支持而自身经济条件又有限，只能搁置科研活动。第二，学校专职教育科研部门缺乏。地方政府应该出台相关的科研政策，鼓励地方学校规范建立教育科研部门，这一举措对于教师的科研发展有着极大的推动作用。教师教学工作繁忙，个人精力和时间又相当有限，科研的繁琐工作需要专职的科研部门来帮助教师有效地开展，这样才会保障教师的科研进程和科研积极性。第三，缺乏专家的指导。研究型教师的发展和所从事的科研活动都离不开教育科研专家的理论指导。一线教师工作者有着丰富的教学实践经验，但是科研素养和科研知识相对来说比较缺乏；而专业科研人员长期进行教育理论研究，对教师们的学科知识和科研有着一定的指导性。教育行政部门就有所作为，为学校牵线联系相关专家，指导学校开展好科研活动。[1]

（二）传统师资培训模式存在弊端

传统师资培训模式是以大学或教育学院与培训机构为基地，采取外控形式，由教育行政部门策划，强调自上而下的管理体制，并集中以教师为对象，知识、技术为主要训练内容的培训模式。[2] 在推进我国教育改革和发展、教师教育改革运动过程中，教师培训是重要内容之一，并在教师培训活动的基础上初步建立了教师继续教育制度，进而极大推动了教师队伍素质和能力的深入发展。然而，随着教师队伍的不断扩大和教师教育改革的新挑战，教师培训中也开始凸显出某些弊端，主要表现在三个方面：第一，由于教师培训的内容和管理是教育行政部门人员在负责规划，富有教学经验的一线教师并未

---

[1] 刘海勤. 教师专业化视角下中学研究型教师的发展研究［D］. 南充：西华师范大学硕士学位论文，2016.

[2] 王嘉毅. 校本师资培训模式及其在中小学教师教育中的应用［J］. 当代教育科学，2003.

参与，因此制定出的内容难以真正有效地切合教师实际的培训需要。第二，教师培训容易忽视教师主体意识和个体差异性。在培训过程中，课堂讲授是主要的培训方式，这种方式不符合教师们的学习特点，枯燥乏味、过于禁锢，弱化了教师在培训过程中的主体性。第三，教师参加培训活动具有明显的功利性色彩。多数学校为了提升自身的社会影响和落实教师培训政策，以增加工资、评职称和改善福利等为条件鼓励教师参加培训活动，并非出于提升教学水平和改善教学工作的意愿。

（三）应试教育思想的无形掣肘

在我国，传统的应试教育思想可谓是根深蒂固，影响着一代又一代的教师、学生和家长。长期以来，应试教育思想对教师的专业成长存在一定的阻碍。应试教育提倡一切为了升学率，一切为了学生考取高分数。学校为了激励教师更加努力地提高升学率和学生的学习成绩，将教师的工资、奖金和评职称与此挂钩，导致教师队伍竞争激烈。教师们纷纷在"应试"上下功夫，想方设法提高学生的分数，这无疑既加重了学生的学习负担和压力，也加重了教师的工作负担和压力。在这样紧张的工作环境中，教师根本没有心思和精力去从事教育科研工作，更不会充分发挥自身对科研的热情和能力，去钻研教学问题，探索解决方法。并且，应试教育思想促使教师们坚定地认为自己的本职工作就是传授知识，完成学校分配的教学任务。他们已经习惯一切的教学工作都围绕学生的学习成绩和升学率而展开，形成了牢固的认识和思维定式，不愿去对自己的教学工作问题进行反思和寻找新的策略来改善教学工作，这样长时间下来教学能力得不到提升，研究型教师的发展更是遥不可及。[①]

---

① 刘海勤. 教师专业化视角下中学研究型教师的发展研究[D]. 南充：西华师范大学硕士学位论文，2016.

第二节 研究型教师队伍校本建设的原则

学校是教师工作和生活的主要场所，是教师发展的立足之地，也是教师实现其价值的"用武之地"。研究型教师队伍校本建设就要以学校为根本。校长和教师是研究型教师队伍校本建设的发起者和组织者，在这当中起到主体作用。学校因校制宜地制定研究型教师队伍校本建设的方案、计划，建立研究型教师队伍校本建设的管理制度、评价制度和激励机制，从而保证研究型教师队伍校本建设的针对性和实效性。研究型教师队伍校本建设要贴近学校实际，坚持三项基本原则：一是坚持师德优先；二是坚持以师为本；三是坚持科研导向。

一、坚持师德优先

研究型教师队伍校本建设的首要原则，就是必须坚持师德优先。师德高尚，是一名合格人民教师的先决条件，也是一名研究型教师的核心要求。教师大计，师德为本。教师的个人素养，核心是教师的师德修养和学识。著名教育家陶行知先生曾说："学高为师，德高为范。"教师是光荣而神圣的职业。作为一名教师，不仅要拥有渊博的知识，还要拥有高尚的品德。换言之，教师要当好"经师"，更要当好"人师"。师德师风建设是教育永恒的主题，值得每一位教育工作者认真地去思考、研究和实践。全面开展师德师风建设，是铺就教师职业底色之举，也是提升教师素养的关键。加强新时代研究型教师队伍师德师风建设，就应当坚决以立德树人为根本任务，将提高教师思想政治素质和职业道德水平并重，将社会主义核心价值观贯穿到教书育人全过程，突出全员全方位全过程师德养成。

（一）坚持加强教师队伍党的建设

党建是引领教师队伍高质量建设的"法宝"。学校应以党建强化师德建设，把师德建设作为"一把手"工程常抓不懈，抓出成效。学校充分发挥党组织的领导和把关作用，确保党牢牢掌握教师队伍建设的领导权，把住方向，谋好大局，定好政策，促进改革。落实从严治党要求，加强政治建设，用习近平新时代中国特色社会主义思想武装头脑，增强整个教师队伍的政治意识、大局意识、核心意识、看齐意识。加强教师队伍党的建设，必须保持清醒冷静的头脑，充分发挥学校党支部的战斗堡垒作用和党员教师的先锋模范作用，坚定正义之心、人道之心、真理之心。简言之，研究型教师要以立德树人为己任，满怀为党育人、为国育才的远大抱负；研究型教师队伍建设要在党建的正确引领下加强推进。

（二）坚持提升教师思想政治素质

研究型教师首先应是思想政治素质过硬、道德情操高尚的教师。随着教育的改革和发展，新形势对教师的思想政治素质和职业道德水平提出了新的要求。要想成为现代社会的优秀教师，除了学识渊博、教学得法之外，还应有更高的追求，这就是以育人为理想，以塑造人的美好心灵为己任。这是没有功利目的的，而是完全出于对社会、对学生一生负责的责任感。真正名副其实的研究型教师，不仅要教好书，还要育好人，各方面都要为人师表。加强研究型教师队伍建设，就要加强理想信念教育，解决好教师的世界观、人生观、价值观这个"总开关"问题。引导教师树立正确历史观、民族观、国家观、文化观，坚定道路自信、理论自信、制度自信、文化自信；引导教师带头践行社会主义核心价值观，加强中华优秀传统文化和革命文化、社会主义先进文化教育。

（三）坚持改善教师职业道德风貌

全面改善教师职业道德风貌，是加强新时代教师队伍建设的重要任务之一，是打造研究型教师队伍的必由之路。"无德无以为师"，真正为人师表者，一定是以身立教、率先垂范之人，他对教育事业的热爱与执着，都表现在他对自己高标准要求的落实上。诚如陶行知先生"捧着一颗心来，不带半根草去"，坚定选择为教育事业奉献青春的人生之路，无愧于"人类灵魂的工程师"之美誉。所以，教师必须正确认识自身的角色定位，深刻理解自身的职业价值，坚定师德至上的教育信念。作为学校，要抓好研究型教师队伍的职业道德风貌，要健全师德建设长效机制，引导广大教师以德立身、以德立学、以德施教、以德育德；要开展师德师风建设工程，发掘师德典型，讲好师德故事，注重宣传感召，弘扬社会正能量；要加强师德教育，营造崇德向善、见贤思齐、德行天下的良好氛围；要加强师德奖励，强化师德考评，推行师德考核负面清单制度，体现奖优罚劣。

二、坚持以师为本

教师是立校之本，学校必须重视对教师的培养。研究型教师队伍校本建设以学校作为主要场所，以教师作为主体，尊重教师个体的发展愿望，创设一切便利条件，充分发挥教师个体创造力和教师群体合作力，形成一种弥漫于整个组织的学习与研究氛围，并凭借着群体间持续不断的互动学习与实践，使个体价值与群体绩效得以最大限度的显现。研究型教师队伍由此成为一个有利于教师专业发展的学习型和研究型组织，由于各个学校师资队伍数量、年龄、职称、学历结构等各不相同，还有办学条件、办学理念、办学目标、办学特色、办学水平等也有所区别，因而在研究型教师队伍建设中要坚持以师为本的原则，探索适合本校教师特点的校内培养模式和机制。坚持以师为本的原则，即坚持主体发展、统一灵活和适应变化的原则。

（一）坚持主体发展

教师是教师队伍建设的对象，也是教师队伍建设的主体。其实，这就是要将教师从观念和制度的桎梏中解放出来，使教师成为一个自主之人。在现实中，总是强调教师要对社会负责、对学校负责、对学生负责，但是唯独忽视了教师应对自己负责。这样就是忽略了教师主体性的体现。研究型教师队伍建设应确立教师的主体性，突出教师的发展性，既讲究阶段成效，又着眼长远目标，才算走上正确道路。认真贯彻这一原则，教师的创造潜能将得到最大限度的开掘。只有教师发挥主动性和积极性，解决自己教育教学中产生的问题，才能提高教学质量，提升专业素质。教师的发展与学校的发展互为因果、协同共进。研究型教师队伍建设的内容和方式设计要适合教师的需要，才能促进教师的专业发展。教师在学校里不是自然而然就成为研究型教师队伍建设的主体，只有发现教师自身的潜能和需求，才能挖掘出教师群体的主体性，让教师成为学校真正的主人。

（二）坚持统一灵活

在研究型教师队伍建设中，学校应该坚持统一性与灵活性相结合的原则。一方面，统一性体现在研究型教师队伍建设最好跟上级继续教育培训相结合，接受上级行政部门和业务部门的管理与指导；另一方面，统一性与灵活性相结合还体现在对学校教师的整体要求与分层培训相结合上，在教育思想、教育观念、职业道德等方面应有统一的要求，在专业知识更新、教学科研能力的提升等方面，应针对教师的个体差异或学科的特殊性而区别对待，分层培训。由于每个学校的办学水平和每位教师的专业能力都存在差异性，学校和教师的实际需求不相同；因而研究型教师队伍建设不要拘泥于一成不变的范式，遵循固定的程序来开展，而要因地制宜，灵活应对，有的放矢，分类指导，分层实施，不搞一刀切。针对不同的学校，制定不同的培养策略，形成不同的培养特色；针对不同层次的教师，确定不同的培养目标和培养内容；针对不同学科的教师，制定不同的专业标准，设计不同的培训活动；针对不同的研究主题，采取不同的研究方式，等等。这些灵活的操作对策，能使所有的教师都会有不同程度的提高，也使研究型教师脱颖而出，构成研究型教师优秀团队。

（三）坚持适应变化

研究型教师队伍建设并不是简单地为了满足学校一时的师资要求，使教师适应当前的实际需要，而是着眼于新时代对教师队伍建设和教师教育教学工作的新要求。从教师专业发展的角度看，任何素质较高的教师如果不学习新理论、新知识和新技能，都会在教育实践中落伍。因此，教师的教育观念、理论素养、专业知识和教学能力等综合素质的培养必须立足于当前，着眼于未来。研究型教师队伍建设应主动适应社会发展对教育要求的新变化[①]，不断更新教师培养内容，创新培养方法和手段，要不断整合、挖掘学校内外资源，确保研究型教师队伍建设的实效性。此外，研究型教师队伍建设必须注重教师的创新发展，这是教师适应时代不断发展变化的重要保障。当今社会，创新发展是引领发展的方向与第一动力。创新发展离不开人才，而人才的培养离不开学校和广大教师。因此，从某种意义上说，没有教师的"创新发展"，就不会有科技创新。支撑教师的"创新发展"，需要教师具备新颖的教育理念、较强的研究意识与较高的科研能力，并能用创新的方法解决问题。

三、坚持科研导向

研究型教师队伍校本建设成功的关键，在于要坚持科研导向。高层次科

[①] 于静. 对校本培训基本原则的思考［J］. 林区教学，2003（6）.

研型师资数量的多少、水平的高低、知名度的大小,决定着我国教育事业发展的兴衰,决定着我国学校在国际交往中的实力、威望和学术地位。因此,必须要下大力气排除一切干扰,把研究型教师队伍作为学校重中之重的工作来抓好。对中青年教学科研骨干加以培养,给他们定任务、压担子。提高在教学科研工作中做出突出成绩教师的待遇;实行科研奖励政策,给予出高层次科研成果的人员以重奖;鼓励教师重视开展科学研究,积极争取站在学科前沿,以科研促进教学,以科研提高教学质量,以科研推动学科建设,实现培养和锻炼出一支高素质的研究型教师队伍的目的。① 坚持科研导向,就要坚持转变教师科研观念,坚持教育教学与科研并举,坚持依法开展科研工作。

(一)坚持转变教师科研观念

观念是行动的先导。只有坚持转变教师落后的科研观念,才能让教师真正地热爱上科研,主动地走上科研之路。要让每位教师充分认识自我、定位自我,明晰地认识到自己的职业价值,树立职业理想,制定个人发展规划,明确专业发展目标和方向。要引导教师树立"科研兴校,科研兴教"的观念,认识到"教而不研则浅、管而不研则滞"的道理,从而自觉参与到教科研活动中来。正如"不积跬步,无以至千里;不积小流,无以成江海",还要让教师懂得搞研究就要耐得住寂寞,坚守自己的初心,一步一个脚印追逐自己的梦想,在教育科研的旅途中迈着铿锵的脚步前行,终将欣赏到最美的风景。为了让教师坚定教育科研的信念,学校管理者要鼓励教师多改变自己,及时调整自己的心态,多想办法,积极应对,没有办不了的事情,也没有不成功的理由。只有思想到位,行动才有保障。

(二)坚持教育教学与科研并举

目前,我国教师科研能力低,学生创新能力差,素质教育难以顺利推进,

---

① 顾华洋. 我国研究型教师队伍建设的对策研究 [J]. 大连教育学院学报,2002(3):3.

这种局面与我国长期以来所形成的"重教书、轻科研""忽视科研成果向教育教学转化"的思想有着直接的关系。这种片面的指导思想直接造就了一大批教书匠，扼杀了一大批教育家的成长，与实施素质教育、培养创造型人才的需要极不相适应。坚持教育教学与科研并举，是全面推进素质教育、培养创新型人才、提高我国教育竞争力的现实需要。教育教学与科研并举，形成既出成果和效益又培养人才的良性循环局面，这正是素质教育所追求的最高境界。特别是在经济发展相对落后、智力资源相对缺乏的地区，实施"科研兴教""科研兴校""科研兴师"和"科研育人"，是一条实现教育超常规发展的捷径。依靠教育科研，可以有效地挖掘教师的智力潜能，组合、吸收、转化一切有可能利用到的优秀的智力成果，从时空的角度大大缩短经济条件对教育发展水平制约的差距。如果能够加强组织领导工作，还可以实现科研强校对周边科研弱校的辐射和带动作用，实现优势教育科研资源与成果的共享，推动整个区域的素质教育和科研水平快速发展与提高，有力地推动素质教育的实施。①

（三）坚持依法开展科研工作

学校和教师开展教育教学科学研究工作，绝对不是一种民间的学术活动和非工作性的硬性要求，而是依法履行国家法律规定的权利和义务。《中华人民共和国教育法》第十条规定："国家支持、鼓励和组织教育科学研究，推广教育科学研究成果促进教育质量提高。"《教师法》第七条规定："教师享有进行教育教学活动，开展教育教学改革和实验、从事科学研究、学术交流的权利。"第九条第三款规定："各级人民政府、教育行政部门、有关部门、学校和其他教育机构应当对教师在教育教学、科学研究中的创造性工作给予鼓励和帮助。"可见，坚持教育教学与科研并举是法律赋予教师和学校的权利和义务，是开展"依法治教"的一项重要工作内容。依法开展教育教学的科学研

---

① 顾华洋. 我国研究型教师队伍建设的对策研究［J］. 大连教育学院学报，2002，(3)：3.

究，是属于法律支持和鼓励的正当行为，是法律赋予各级各类学校教师的分内职责。教师从事教育教学科研工作，是保证教育教学质量得到不断提高，是教师实现自身教育教学能力不断提高、专业知识不断丰富和更新的重要手段。国内外实践也证明了教师从事教育教学科研已经取得了丰硕成果，教师坚持教育教学科研是大有作为的。

第三节　研究型教师队伍校本建设的实施

教育现代化背景下，学校管理者要把教师的专业发展作为学校发展的主要目标，以各种形式和途径提高教师的综合素质，促进教师的专业发展。教师需要转变成为研究者，而校长需要转变成为研究型教师队伍建设的组织者。研究型教师队伍校本建设的成功实施，关键在于学校。学校管理者不仅要有先进的教育科研理念，还要有系统的教师教育管理思想，把研究型教师队伍校本建设落到实处。研究型教师队伍校本建设的实施途径主要有三种：一是构建教师专业发展生态环境；二是建立教师队伍保障机制；三是推进共同协作校本研修活动。

一、构建教师专业发展生态环境

教师专业发展的生态取向特别重视教师专业发展所赖以存在的"土壤"，强调教师专业发展的群体及其氛围，使得教师在开放、动态的管理中获得全面专业发展。这就涉及教师专业发展的生态环境构建问题。教师依托学校，学校成就教师，教师与学校的发展是一种互动关系。古德莱德（Goodlad, J.）认为："没有更好的教师就不会有更好的学校，但没有教师可以在其中学习、实践和发展自身的更好的学校,也就不会有更好的教师。"学校是教师成长的"基地",学校教育的生态环境是影响教师专业发展的重要因素。因此,学校管理者要树立"以人为本"的思想,为教师的专业发展构建良好的生态环境,让教师拥有展示科研才能的发展平台,这样才能激发教师的创造性和幸福感,引导教师向研究型发展。构建教师专业发展良好生态,就要充分注重学校文化建设,加强教师思想引领;营造和谐研究氛围,形成良好科研风气;设立学习型组织,促进团队协同发展。

(一)注重学校文化建设,加强教师思想引领

文化是有力量的,它对人的感染是深远、持续的。在教育领域,"文化的力量"正成为推动教育进步与发展的动力。"只有优秀的学校文化才能孕育出优秀的学校教育"这一观点,已得到全社会广泛的认同。学校文化应该是学校特色的重要表征,是催生教师专业发展和学生生命成长的深厚土壤,是学校人文传统和优良校风的根本之源。学校建设归根到底是文化建设,教育的本质就在于"文化育人"。学校教育的过程,也就是充分发挥学校精神文化,为师生的精神生命铺垫底子的过程。一所精神爽、风气正的学校,犹如一座春风化雨的熔炉,对教师和学生的成长进步无疑会产生潜移默化的群体促进效应。特别是建设良好的教师学习与研究文化后,便能让教师找到一种教研精神的"归属感",形成具有凝聚力的学习共同体和研究共同体。因此,在教育管理中,注重学校文化建设,加强教师思想引领,对教师的专业发展显得尤其重要。

(二)营造和谐研究氛围,形成良好科研风气

为促进教师的共同发展,学校应当激发教师与学生质疑问难的探究精神,形成一定的研究氛围,让师生沐浴其中,感受它的魅力以及潜移默化的影响。研究氛围的形成能够促进教师由经验型向研究型转化,对研究型教师的成长与发展具有巨大的推动作用。同时,这将对学生研究型学习的开展及探究习

惯的养成具有重要影响。① 因此，要改善学校内部的可控性资源，为师生进行研究型的教与学提供空间保障，从空间和时间上营造研究型的文化氛围，让师生在充满自主性与创造性的空间中体会成长的快乐。学校要千方百计地为不同层次教师营造研究氛围，开辟发展空间，使教师能够正确客观地认识自我，评价自我，反思自我，修正自我，为实现其自身及学校的可持续发展不断注入活力。学校还要努力促进教师之间在教学教研活动中的交流与对话、协调与合作，培养教师的科研合作意识与能力，形成"科研兴教""科研兴校"的良好风气。

（三）设立学习型组织，促进团队协同发展

美国麻省理工学院彼得·圣吉教授于1990年出版《第五项修炼：学习型组织的艺术与实务》一书之后，掀起了组织转型的风潮。学习型组织作为一种重要的管理理念，已成为新形势下提高教师队伍整体素质的一个重要抓手。所谓"学习型组织"，是指组织中的个体能够不断突破自己的能力上限，创造真心向往的结果，培养全新、前瞻、开阔的思考方式，全力实现共同的抱负，以及不断地学习、如何共同学习等，进而使组织取得创新和进步。坚强有力的学习型组织如同一片沃土，教师专业发展会在这里生根、发芽、开花、结果。只有倡导学习风气，设立学习型组织，才能更好地构建合作进取的科研团队，有效地促进教师团队的协同发展。课题组、教研组、备课组等组织，都是学校有效的学习型组织。在学习型组织中，个体通过真正的学习，体现生命的价值；通过学习，重新创造自我；通过学习，实现以往未能做到的事，重新认识世界，以及扩展创造未来的能量。学校管理者更努力营造宽松自由的学习氛围，引导教师养成理论学习和实践反思的习惯，加强校外专家的理论指导与教师及教师之间集体学习的结合，建立一个高水平的研究集体，形成一种学习型组织，并把这种组织活动制度化。

---

① 温勇. 研究型教师的成长与发展——中小学教师专业发展研究 [D]. 曲阜：曲阜师范大学硕士学位论文，2004，(3).

二、建立教师队伍建设保障机制

在管理学中,管理要有效益,必须以完善的机制作为保障。在教育管理中,学校针对教师的不同特点,建立教师队伍建设管理保障机制,为教师营造发展空间,有助于充分发挥教师的主体作用,激发教师的发展潜能,最大限度地调动教师工作和学习的积极性,促进教师的专业成长,提高教师的综合素质。这种保障机制,既是学校发展的保障,又是提高教学质量的迫切要求,也是教师自身发展的需要。对教师进行激励的过程,也就是引导教师不断学习、扩充新知识和新技能、树立新观念和新思想、全面提高教师素质的过程。因此,依托研究型教师队伍建设的实施,建立促进教师不断学习的保障机制,使教师不断成长,正是当前教育管理中一项值得倡导的重要内容。

(一)建立评价激励机制

建立评价激励机制,能为教师成长注入活力。建立教师成长激励机制,重要前提是建立健全促进教师成长的各项规章管理制度。根据本校实际,制定和完善《教师发展规划》《校本研修手册》《校本研修奖励制度》《校本研修课题组工作细则》《绩效考核方案》《科研成果奖励方案》等评价激励机制。每学期,学校要对教师个人教科研工作进行考核、评估、表彰、奖励,起到方案约束考核导向的作用。在教育科研活动中,学校应按照研究型教师的培养要求,对于善于钻研业务、教学实践效果显著、师德高尚的教师,要加强指导与培养,使他们脱颖而出,成为教师群体的优秀代表,以便达到"以点带面"的效应,进而为不断推进素质教育、建设研究型教师队伍奠定基础。学校可以从名师引领、经费支持、量化考核、人文关怀等多个渠道着手,建立激励机制,真正调动教师积极性,做到以教师科研的力量来提高教学质量,推动和加强学科建设。学校应把教育科研作为提高教育质量、促进学校发展的立足之本，并切实制定学校的科研及教师发展计划，让不同层次的教师都有自己"可望可即"的追求目标，为教师参与教育科研提供制度上的保证。

（二）建立目标管理机制

学校自身的制度建设为学校的发展提供各种规范，在研究型教师队伍建设的过程中扮演着重要角色。学校的管理机制是影响教师发展的重要因素，对于教师的专业成长具有导向作用。学校管理的专制或民主、封闭或开放、机械或灵活、滞后或发展等，都与教师的教育教学工作取向有着非常直接的关系。建立目标管理机制，让教师在工作中做到心中有标，有规可依，有章可循，使教学教研工作变得有序，教师参加教科研活动成了自觉行为，达到了以制度管理人、激励人的目的，进而产生了良好的管理效益。如，学校要求每位45岁以下的青年教师都要制定三年成长规划，明确自己的专业成长目标和方向。规定每周一次教研活动时间，提供必要的培训资源和培训条件，采取必要的奖惩措施。对于骨干教师，学校可出台激励其"二次成长"的管理办法，如在教学工作中发挥示范作用，每年承担一次示范课或专题讲座；认真总结教育教学方面的经验，每两学年必须有一篇论文在市级及以上级别获奖或发表；积极承担培养优秀年轻教师的任务，充分发挥传、帮、带作用；主动承担或参与市级以上课题研究任务，在教育科研中有所突破。两年一次进行考核，给予奖励。

（三）建立名师培养机制

"名师兴校，科研强校"已成为众多学校的发展思路。由此可以看出，"名师"在学校发展中的战略地位。"校以师为本"，学校要成就名校，关键靠教师，靠一批师德师风高尚、业务水平突出的知名教师。一流的名师支撑起一流的名校，优质的教育呼唤着众多的名师。名师荟萃，有利于学校教育教学质量的提高，有利于在更大范围内扩大学校的知名度、美誉度。有了名师的支撑，名校品牌提升就得到保证。就教师团队建设而言，培养名师就是打造团队成长的动力源，能够以点带面，以优秀个体促进教师群体，引领教师群体的专业发展。此外，名师还是教育改革和发展的领军力量，打造庞大的名师队伍，可以极大地促进区域教育的均衡发展、特色发展、内涵发展和优质发展。名师培养，是当今教师教育和教育发展的主旋律。名师队伍建设，是研究型教师队伍建设的重要内容。然而，名师培养是一个系统工程，不可能一蹴而就，必须形成一个完善、有效的新机制。通过赛课历练，助力教师提升专业素养与知名度；通过课题研究的引领，助力教师打造科研品牌；通过名师工作室建设，助力教师扩大"传帮带"的名师效应。由于有广阔的平台展示，很多教师成为"名师"的梦想一步步变为现实。

三、推进共同协作校本研修活动

研究型教师队伍校本建设，还要依靠扎实有效的校本研修活动来落实。校本研修，是以学校为研修基地，以教师为研修主体，以学校和教师在教育教学中的实际问题为研修内容，以专家引领、同伴互助、自我反思为核心要素，以解决问题、改进教育教学实践为导向，以提高教育教学质量促进学生主动健康地成长，以引导教师体会到教育创造的意义和快乐，促进教师专业成长，来实现学校的发展为基本目的的一种集工作、学习和研究三位一体的学校活动和教师行为，是一种教师个体学习和教师群体学习相结合的学习方式和工作方式。校本研修，从根本上说，是一种以人为本，以促进教师发展和提高教学质量为目的的研究和培训活动。[①] 校本研修是能够使教师成长、学校变化、教育改革获得相关成效的一条捷径。校本研修是促进教师专业成长的最佳方式。学校重视校本研修与否，成为教师的专业成长加快与否的关键所在。共同协作、平等交流是构成校本研修的基本特征。这推动了教师教育教学各种矛盾的解决，并促进了教育价值的实现。教师的专业成长，不仅需

---

① 马英志. 校本研修面面观［M］. 长春：东北师范大学出版社，2010：11.

要个人的不懈努力，而且需要集体的共同协作。实际上，共同协作的校本研修能让教师得到更多的益处，比如成长提速、心理支持、减轻压力、破解难题、生成理念等，特别是最能有力地促使研究型教师队伍加快发展壮大。

（一）团队互动，擦燃智慧火花

互动超越单纯意义的传递，具有重新构建意义。校本研修重在互动，尤其是团队互动。在研修活动中，通过团队互动，营造民主平等的氛围，实现真正意义上的教学探讨，一改过去教研活动中，大多是教研组长唱"独角戏"，教师是被动的听、记，缺乏主动性的状况，以实现共同探讨、共同提高的新局面。团队互动，也为教师之间架起相互交流与合作的桥梁，使教师学会与人相处，学会交流、表达和反思，学会尊重不同意见，学会从不同意见中找寻教育创新的途径。在共同协作式校本研修中，团队互动一般是以教研组或特定的研修团队为单位来进行的，体现了小组交流、相互合作的特点。在团队互动中，教师实现了思维的互补、智慧的交融、情感的沟通，更重要的是提高了解决教育教学疑难问题的能力，专业素质得到了培养。有道是："三个臭皮匠，胜过一个诸葛亮。"这道出的正是团队互动、集体研讨所形成的强大智慧合力。在校本研修活动中，课例研讨、案例推介和课题提炼都是有效的载体，值得深入开展。

（二）同伴互助，携手共同进步

同伴互助是教师间的相互关爱、帮助、激励和合作，是教师专业成长的重要途径。这种合作学习方式，在教师间的心灵相融、教育教学能力的共同提高、教育教学改革的推动中有着非常独特的效能，其作用是其他方式所不能代替的。个人的力量是有限的，合作才是解决问题、提高效率的前提。独自的行动、封闭的思维，必然导致知识狭隘、视野窄浅，不利于自我的提高与发展。随着信息时代的到来，现在的学生见多识广，变得越来越聪明，也越来越难驾驭，加上学科日趋综合，教材的综合性越来越强，对教师的创造能力和综合能力提出了更高的要求。所有这些光靠教师的个人努力已难以胜任，讲求同伴互助，加强互相学习、取长补短，依靠彼此的智慧来解决教育教学上的问题已逐渐成为教师们日常生活方式，这也是校本研修的基础。

（三）引领示范，提高研修实效

随着新课程改革的深入展开，新的课程标准、新的课程理念、新的教材教法对教师的知识结构、思维方式、教学能力、教学手段等提出了新的要求，同时对教师的专业能力提出了挑战，教师普遍感觉到缺乏专业理论的引领和教学实践的指导。显然，单靠教师"单打独斗"式学习难以适应教育形势的发展需要，难以有效促进自身专业水平向更高层次提升；而基于团队成员共同协作的校本研修，如果没有权威性的学术力量引领和高水准的专业力量支持，那么对教师的专业成长也是难有作为的。因此，学校应当充分挖掘和利用教育专家、教学名师和骨干教师的资源，形成专家引领、名师示范和骨干带动的专业力量指导体系，从而最大化地提高校本研修的实效性。

综上所述，教师是素质教育实施的核心与实施者，为了适应新的课程要求，为了在学生中重塑自己的形象，为了引领学生走全面发展之路，实践党的教育方针，广大教师应当关注自己知识的更新和文化品位的提升。进修培训，主动学习，由"教书匠"转变为"研究型"教师不仅是社会发展的需要，也应是教师自我心理的渴望。推进研究型教师队伍建设是时代发展的必然选择。在教育现代化背景下，理清研究型教师队伍建设的困惑，把握研究型教师队伍建设的原则，探寻研究型教师队伍建设的路径，显然有助于提高研究型教师队伍建设的质量与水平。

第三章 研究型教师队伍校本建设的系统构建

研究型教师队伍校本建设是一项基于学校的系统工程,涉及多个方面的教育因素,需要学校持之以恒地推进。教师专业素质的高低决定了教育质量的高低,学校的核心竞争力首当其冲的便是教师。建设研究型教师队伍,既是教师自身可持续发展的要求,也是科研兴校、持续快速提高学校教育教学质量与办学效益的必然选择。实现从传统型教师到研究型教师的蜕变,对学校来说,是一个严峻的挑战。[①] 因此,我们需要深度思考研究型教师队伍校本建设的系统构建问题。如何实施研究型教师队伍校本建设的系统构建呢?我们认为,可以从三个维度着手实施:一是正确把握研究型教师队伍校本建设的基本特征;二是努力促进研究型教师队伍校本建设的内涵提升;三是善于运用研究型教师队伍校本建设的主要策略。通过系统构建,学校的研究型教师队伍校本建设将会走向系统化、规范化和科学化。

第一节 研究型教师队伍校本建设的基本特征

研究型教师队伍校本建设以学校作为教师工作实践的主要场所,成为一个有利于教师专业发展的研究型平台,尊重教师个体的发展愿望,创设一切便利条件,充分发挥教师个体创造力和教师群体合作力,形成一种弥漫于整个组织的学习氛围,并凭借着群体间持续不断的互动学习与实践,使个体价值与群体绩效得以最大限度的显现。研究型教师队伍校本建设以学校和教师为主体,全体教师都要参与,针对学校和教师的实际需求开展研修活动,解决实际问题,在研修时间、内容、方式上可以灵活操作。因此,研究型教师队伍校本建设具有组织主体性、目标指向性和操作灵活性三个基本特征。

---

① 何如山,侯文亮. 建设研究型教师队伍的探索与思考[J]. 基础教育参考,2008(9):93.

一、组织主体性

研究型教师队伍校本建设以学校为主阵地,其主体是学校和教师,体现了组织主体性。研究型教师队伍校本建设由学校自身组织、规划,根据学校和教师发展的需要来决定培训的内容,并由学校自身对培训进行监控和考核,不仅培训方案由学校研究设计,而且培训力量也大多来自学校内部。虽然也聘请校外专家指导,但他们一般都与学校教师结为"共同体",协同开展研究、培训。学校和教师在研究型教师队伍校本建设中享有充分的自主权,而教育行政部门只是起到一定的辅助与监督作用,教师培训机构则发挥了指导与促进作用。研究型教师队伍校本建设突出教师在研修中的主体地位,以及注重同伴互助与自我反思在教师专业发展中的重要作用。研究型教师队伍校本建设尤其注重学校的组织和引领,紧紧以学校和教师为主体,让学校和教师享有充分的研修自主权。其坚持以学校为根本,以教师为主体,根据学校的办学特色和教师的个性差异,做到能自主制定和实施研究活动方案,自主选择研究活动内容和资源,自主选择制定教师专业发展计划。因而,研究型教师队伍校本建设体现了组织主体性的基本特点。

(一)以学校为根本

学校是教师工作和生活的主要场所,是教师发展的立足之地,也是教师实现其价值的"用武之地"。研究型教师队伍校本建设就要以学校为根本。校长和教师起到主体作用。教师不必脱离工作岗位,转换角色,就在学校接受全面的学习与研训活动。学校因校制宜地制定研究型教师队伍校本建设的方案、计划,建立研究型教师队伍校本建设的管理制度、评价制度和激励机制,从而保证研究型教师队伍校本建设的针对性和实效性。研究型教师队伍校本建设要贴近学校实际,要坚持以学校为根本的原则,立足学校,开展一切有意义的研训活动。① 研究型教师队伍校本建设，紧紧以学校为根本，依托学校这一主要的教学、研究和培训基地，发挥学校组织协调的主体作用，使研训活动得以有效开展。

（二）以教师为主体

教师是研究型教师队伍校本建设的主体，在研究中由被研究者转变为主动研究者及对自身教学行为的反思者。在研究型教师队伍校本建设中，只有教师发挥主动性和积极性，解决自己教育教学中产生的问题，才能提高教学质量，提升专业素质。学校的改革发展通过教师的研训而得到推进和实现，教师的研训是为学校服务的，也是为教师自身的专业发展服务的。教师的发展与学校的发展是互为因果、协同共进的。研究型教师队伍校本建设的内容和方式设计要适合教师的需要，才能促进教师的专业发展。教师在学校里不是自然而然就成为研究型教师队伍校本建设的主体，只有发现教师自身的潜能和需求，才能挖掘出教师群体的主体性，让教师成为研究型教师队伍校本建设真正的主人。学校自身存在的教育教学问题，要由校长、中层干部、学科教师等学校中人来解决。那些校外专业研究人员、上级部门领导、家长对学校可以提出具体的要求或合理的指导，但他们仅仅是"同盟"，也许会起到很大的作用，但不能取代校长和教师。

二、目标指向性

研究型教师队伍校本建设有效克服了传统教师研训的局限性，将研训的目标直接指向学校和全体教师，从学校实际出发，通过研训解决学校和教师

---

① 孟庆焕，李盈慧. 新课程与中小学校本建设［M］. 大连：辽宁师范大学出版社，2012：10.

的具体实际难题，提高教师的教育教学和科研能力，从而提升学校的教育教学质量。研究型教师队伍校本建设作为一种机制，其目的都是促进教师的专业发展和学生身心的健全发展。研究型教师队伍校本建设的本质是广大教师与其自身教育教学行为所进行的一种"对话"——它植根于学校的教学活动，贯穿于学校教学活动的过程。研究型教师队伍校本建设，正是联系学校实际，让学校得到发展、教师得到发展和学生得到发展。

（一）目标指向学校实际

研究型教师队伍校本建设的目标直接指向学校实际，促进学校的发展。研究型教师队伍校本建设的一切活动都来自于学校管理和全体教师的共同努力。学校要基于各种问题的研究与解决，着眼于教师教育观念和教学行为的转变，使研训成果体现在教育教学中，落实到每一位学生身上；把研训成果尽快转化为教书育人的效益，提高教师研训的实效性。研究型教师队伍校本建设倘若脱离学校实际，那么就毫无意义了。研究型教师队伍校本建设，就着眼于解决学校实际存在的教育教学问题，推动学校在新一轮基础教育课程改革中取得突破性发展。

（二）目标指向全体教师

研究型教师队伍校本建设目标直接指向全体教师。参加学习、教研和培训是每一位教师都享有的权利，也是应尽的义务。因此，任何一位教师无论身处何地何校，都必须参加各项学习、教研和培训活动。学校开展研究型教师队伍校本建设应面向全体教师，立足岗位需要，让每一位教师都能实现自身专业的可持续发展。研究型教师队伍校本建设以教师的发展为宗旨，从教师的实际需求出发展开培训、解决教师在教育教学中遇到的问题，从而促进教师的专业发展。研究型教师队伍校本建设的目标，就是指向每一位教师，努力实现不同层次教师的专业发展，让普通教师成长进步，让骨干教师成才成名。

三、操作灵活性

研究型教师队伍校本建设不苛求按部就班,其作为学校工作的一部分,虽然一定要有具体的规范性安排,但可以依据学校具体工作的变动而灵活调整。研究型教师队伍校本建设可根据学校和教师实际,在人员组合、时间安排、内容设计、方法确定等方面灵活性操作。在研究型教师队伍校本建设过程中,教师可以是集中培训学习,也可以是科组的教研活动或者个体的自我学习。总之,研究型教师队伍校本建设的过程不是固定程式化的,而是紧紧围绕教师的工作,以教师在工作中学习为指导。这种灵活性是专门的教师培训机构所不具有的。研究型教师队伍校本建设虽有较高的规范性要求,但操作起来也较为灵活。教师可以基于实际需求有针对性地参与学习、研究和培训活动,解决教育教学实际问题,取得更好的效果。

(一)灵活应对,有的放矢

研究型教师队伍校本建设活动应以学校和教师的实际需求为研训起点,灵活应对,有的放矢,分类指导,分层实施,不搞一刀切。针对不同的学校,制定不同的研训策略,形成不同的研训特色;针对不同层次的教师,确定不同的研训目标和研训内容;针对不同学科的教师,制定不同的专业标准,设计不同的研训活动;针对不同的研训主题,采取不同的研训方式,等等。这些灵活的操作对策,能使所有的教师都会有不同程度的提高。由于每个学校的办学水平和每位教师的专业能力都存在差异性,学校和教师的实际需求不相同,因而研究型教师队伍校本建设要具体情况具体分析,灵活应对,有的放矢。

（二）取长补短，弹性十足

尺有所短，寸有所长。人各有其长处与短处。教师长期在学校任教，对彼此之间的长处与短处都十分了解，通过研究型教师队伍校本建设激发教师们的潜能，使教师们互相学习，取长补短，共同提高。这种同伴互助式学习和研训活动就比较自由灵活，弹性十足。比如，年轻教师的课堂教学经验不足，不能很好地把握上课进度，学生的积极性不能很好地调动等，经验丰富的中老年教师就可针对这些常规问题对青年教师进行有的放矢的指导，这些指导可以在课堂中，也可以在课堂外、办公室里。年纪大的教师对现代教育技术的应用能力可能薄弱一些，青年教师也可手把手地教老教师。孔子曰："三人行，必有我师焉。"教师之间相互欣赏，取长补短，方能进步得更快。所以，这样的研训模式很有弹性，并且针对性强，在某些方面可以起到立竿见影的效果。

第二节　研究型教师队伍校本建设的内涵提升

随着中共中央、国务院《中国教育现代化2035》《关于全面深化新时代教师队伍建设改革的意见》《关于深化教育教学改革全面提高义务教育质量的意见》等一系列战略性、纲领性教育改革政策出台，我国教育改革进入新阶段，教师教育揭开新篇章，教师队伍建设迎来新契机。可见，学校开展研究型教师队伍建设探索，不仅很有必要，并且要有"高质量"和"高水平"。从"内涵提升"上加强研究型教师校本建设则成为关键所在。学校可从三个方面的措施入手，促进研究型教师校本建设的内涵提升：一是理论提升，创生先进教育理念；二是价值提升，激发内在成长动力；三是文化提升，凝炼教研团队精神。

一、理论提升，创生先进教育理念

课程改革实质上是教育理念的革新，而新的教育理念的形成要靠教育者的理论学习去提升。有教育专家指出："没有理论上的成熟就没有真正意义上的成熟。"这是因为理论上的成熟意味着思考问题是从本体论角度，全面、系统、辩证地思考，而不是从事物的现象、片面、教条地思考。作为教师，只有重视并加强理论学习，才能不断丰富自己的理论素养，及时革新教育理念，从而适应教育发展的要求。研究型教师队伍校本建设把教师理论水平的提升摆在十分重要的层面，也就是说注重教师的理论学习，要求教师学习先进的教育理论，然后经过实践反思而形成先进的教育理念。

（一）聆听专家理论讲座，感悟教育智慧

教育专家是教育思想、技能、经验和智慧的集大成者，他们的教育理念先进，教学经验丰富，教学模式新颖，课改意识强烈，教研成果出色。对于一个渴望迅速成长的教师来说，聆听教育专家的理论讲座无疑是一种幸运。正如"听君一席话，胜读十年书"，智慧之言对人思想上是很有帮助的。他们的讲座时间虽然一般仅有一两个小时，但是已足以给人心灵的启迪、思想的触动。可以说，聆听教育专家的理论讲座，是教师个体拓宽理论视野、感悟教育智慧、革新教育理念的最直接、最有效的学习途径。

（二）研读教育理论书籍，丰富理论涵养

有一位教育家曾说："教师的定律就是你一旦今日停止成长，明天你就将停止教学。"当今信息时代，教师必须成为学习者，树立终身学习的理念，否则就无法适应现代教育发展的要求。以前说要给学生"一杯水"，教师就要有

"一桶水";现在教师这"一桶水"显然不够用了,应当拥有"自来水"。教师学习的最佳方式就是读书,特别是阅读教育教学理论方面的书籍。教师只有把读书当作一项研修任务,通过博览群书,潜心研读教育教学论文论著,并积极与其他教师分享读书心得,才能取得共同进步。

(三)分析教育教学案例,提炼新生理念

案例是教育教学理论的沃土,是教师专业成长的阶梯,是理论联系实际的桥梁。教育教学案例分析是教师教育教学理论学习的重要内容,是自身成长与发展的重要途径。纯理论学习采取的是"理解—接受"的学习方式,而案例分析采取的是"理解—运用"的学习方式。一个典型案例可以生动形象地诠释一个教育观念,或者解读一个问题解决的策略。从众多的案例中,可以寻找到理论假设的支持性或反驳性论据,并避免从理论到理论的研究过程中的偏差。教师要认真对待教育教学案例的研究分析,不仅达到提升理论水平的目的,而且达到提炼新生理念的效果。

二、价值提升,激发内在成长动力

每一个新教师,都会有强烈的快速成长的愿望;但从教数年后,能够真正成长起来的教师却很少,成长到一定程度后能够"二次成长"的教师更是寥寥无几。究其原因,主要在于教师的成长缺乏动力。也就是说,教师成长出现了"高原现象"。要促使教师不断地自我成长,既需要外在的刺激手段,也需要重视并激活教师的内在需求。制度、考评、奖励、绩效这些都是外在的刺激手段,是促进教师自我成长的外在因素。教师的内在需求,主要是实现自己人生的价值,提高自己的生命质量。外在刺激和内在需求构成了教师成长的持久动力。然而,事实上,外在刺激手段很容易操作,而教师的内在需求却很难满足。所以,当教师对外在刺激不再兴奋时,便产生了职业倦怠

感，也就缺少了成长的动力。基于此，研究型教师队伍校本建设着重满足教师的内在需求，以实现人生价值为驱动，激发教师成长的内在动力，从而促进教师自我成长。

（一）激扬教师的事业心

有人说，教师内在动力的最高层面是事业心。这句话颇有道理。拥有事业心的教师，对教育融入的是来自内心的热爱之情，并怀着强烈的责任感和使命感为之奋斗不懈。教育工作既可以是一份职业，又可以是一种事业。职业是人们用以谋生的一项工作，是一种谋生的方式；事业则是一个人精神的寄托，是他一生执着地为之献身的目标和追求目标的活动。职业使人能够生活，而事业能够使人生活得有意义。教师只有把教育工作当作一种事业而不仅是谋生的职业时，才会努力地发展自己，不断地成长。因此，激扬教师的事业心，让教师获得一种生命层次的荣誉感，应成为研究型教师队伍校本建设的重要内容之一。

（二）倡导健康的价值观

作为一名教师，对经济、职务、职称等外在条件的追求是有止境的，当这些追求到了尽头时，有的教师就产生了职业倦怠。这种价值观是错误的。教师应该树立健康的价值观，明白自己的价值不是仅仅在名、利、地位上来体现，事实上还有很多方面能体现自己的人生价值，如学生的敬佩、同行的尊重、家长的感激、社会的认可等等。教师应从内在层面而不是仅仅从外在层面实现自己的人生价值。这样内心才会真正产生成就感和幸福感。

（三）追求教育的新境界

徐特立先生说："教师是有两种人格的人：一种是'经师'，一种是'人师'。我们的教学是要采取人师和经师二者合一的。每个教科学知识的人，他就是一个模范人物，同时也是一个有学问的人。"教师不仅应是"传道、授业、解惑"的经师，而且更应是拓展心灵智慧的人师。这就对现代教师的素质结构提出了更高的要求，它要求教师不断提高自身专业素养，并善于修身养性，不懈地追求教育的新境界。当教师进入教育的新境界，其创造潜能就会被充分开掘出来，彰显出生命的张力，为教育事业做出更大的奉献。

三、文化提升，凝炼教研团队精神

文化对人的感染是深远、持续的，它无处不在、无时不有。教师教研文化也是如此，一旦形成，便具有强大的感召力，将在根本上促进教师完成"要我研究"到"我要研究"的转变，使教师的专业成长与学校的持续发展成为可能。教师教研文化的积淀、发展和构建是研究型教师队伍建设的重要保障，是学校发展的生命线，能够彰显学校的教研特色，丰富学校的文化内涵，提升学校的办学品位。教师教研文化也是教师专业成长的沃土，能让教师找到一种精神的"归属感"。只有让教师浸润在教师教研文化中，才能让他们真正成为富有创造性思维和行为的主人，迸发出热情与活力。教师教研文化的构建在于教师内在驱动的自主参与。只有了解个性化教师发展的需要，将教师作为一种人力资源来看待，在校本教研活动目标、形式、内容、对象等方面的设计上体现层次感和多元化，才能有效塑造具有特色的教师教研文化，凝炼具有向心力的教研团队精神。

（一）学习文化提升

"走向学习的培训才是真正意义的培训"，构建学习型组织、构建学习文化是研究型教师队伍建设的根本使命。学校要为研究型教师成长营造宽松、互动的学习环境，培育积极进取的学习文化。一方面制定学习制度和读书行动计划，举办读书沙龙，开展读书活动，建设"书香校园"，引领教师与书籍为伴，与大师对话，"让读书成为习惯"；另一方面采取案例分析、观摩研讨、微格教学等多种途径，引导教师进行基于案例的情境学习、基于问题的行动学习、基于经验的反思学习、基于实践的研究性学习，让教师在真实的教学情境中增长教育智慧。通过学习文化的构建，要让教师认识到必须不断读书、学习、思考，才能生存发展。学校要让学习成为工作，让工作因学习而成功。

（二）研究文化提升

新形势下，研究型教师队伍建设仅倡导教师主动学习还不够，必须鼓励教师积极投入教育教学研究之中。可以说，不注重研究的校本教研不是真正的校本教研。学校应着力培育教师开放求真的研究心态。倡导教研科学化和"草根化"：将日常的备课、上课、作业辅导等教学行为置于研究的视野，鼓励教师进行自我反思，在反思中深化思想认识，提高业务水平。对于教育教学中存在的难题，学校要引导教师将其提炼成课题，发挥团队的合力开展研究，激发教师的创新精神和创造潜能，从而最终破解难题，提升教育教学质量。通过反思创新，教师的研究水平和能力必然获得有效提高，这样也就在学校内形成了一种反思创新的研究文化。

（三）激励文化提升

校本教研的形式，给人的感觉总是笼统性的。为此，学校要积极改变教研形式，强化校本教研的目标性、层次性、针对性和活动性，激励教师的成就动机，使教师的个人需要、期望与学校的校本教研目标挂钩。同时，学校要通过榜样激励、情感激励、表彰激励、任务驱动、搭建平台、展示风采等策略，调动教师参与校本教研的积极性。在这个过程中，学校要积极引导教师树立"校本教研是最大的福利"的思想观念，让教师认识到"教而不研则浅，管而不研则滞"的道理。学校还要引导教师追求自己的教育理念，实现自己的教育理想，从而激发教师的创造活力，使教师全身心地投入工作之中。这样，通过以激励为手段来促进教师参与校本教研的积极性，久而久之，学校就形成了充满活力的激励文化。

第三节　研究型教师队伍校本建设的主要策略

对于学校而言，研究型教师队伍校本建设的关键在于能否根据自身的特点和优势，找到有效的途径，从而在提高教师专业发展的同时，促进学生的全面、和谐发展，推动学校教育教学质量的整体提升。学校要从宏观上全面审视教师的专业化发展，不仅要考虑研究型教师队伍校本建设的人本化管理，还要注重以多种有效举措促使研究型教师队伍校本建设取得新进展。

一、目标引领，加速教师梯队建设

教师团队的素质决定了教育的兴衰成败。一所学校，只有打造出一流的教师团队，才能提高教育教学质量，创造良好的办学效益，走上内涵化发展之路。但是，每所学校都有各自不同的师资现状，每位教师都有自己的发展方向与步伐，这就导致了学校之间的师资水平参差不齐，教师之间的专业素质存在差距。这就要求学校在培养教师时，不能用一种标准去衡量教师的专业发展水平，而必须重视教师梯队的建设，对教师进行分层培养。学校根据师资现状与教师发展意愿，在研究型教师队伍校本建设过程中，通过"自由畅谈""目标引领""制定规划"等举措，首先让教师明确自己的专业发展方向，把教师和学校的研修目标有机结合起来，然后制定分层培养机制，实施"梯队式"培养工程，推进教师梯队建设。

（一）制定分层培养机制

在校本教研过程中，教师的研究意识得到了逐步培养，明白校本教研在于用自己的力量解决自己遇到的实际问题，使自身的发展规划合理。这样，教师改变了以往为任务而研修、被动接受研修的局面，逐步形成了研修的自主意识。在此基础上，学校帮助教师制定个人发展规划，制订相应的分层培养计划，根据教师的年龄结构、专业水平、实践能力等将教师分为"合格型""发展型""引领型"三个梯队进行培养。"合格型"教师的培养，是以学习常规、熟悉教学为主线；"发展型"教师的培养，是以全面发展、培养特色为目标；"引领型"教师的培养，是以反思体悟、帮带引领为准则。这当中又明确了一点："校级—区级—市级—省级—国家级"的骨干教师和导师培养对象。在研究型教师队伍校本建设的目标引领下，教师高层次的"尊重需要"与"自我实现需要"得到满足，逐步树立了自动发展的意识，教师们的理论学习、实践交流、思辨升华的意识不断增强，专业发展内在动机得以激发。

（二）实施"梯队式"培养工程

学校要大胆实施"梯队式"培养工程，激发教师的发展潜能，建设好一支富有活力的教师梯队。每学期，学校除了以教师的实际需求为出发点，采用研讨、交流、观摩等多种形式进行校本培训之外，还择机安排不同层次的教师参加各种继续教育、学历培训和外出学习培训。在青年教师的培养工作上，学校投入了大量的时间、精力和费用。学校有计划地安排骨干教师上示范课、做专题讲座和经验座谈，以榜样实行引领，以"师徒结对"方式进行帮扶。"梯队式"培养工程的实施，让各个层次的教师都得到不同程度的发展，从而促使青年教师迅速成长起来，加速了研究型教师团队内涵的不断提升。

二、活动推进，激发教研组新活力

教研组是学校重要的教师组织，是教师间实现交流协作、资源共享、智慧碰撞的重要场所。它直接关系到学校的教育管理，关系到学校的教学质量，关系到教师的专业成长。然而，在实际工作中，教研组在管理、指导、研究等方面指向不明，活动形式单一，整体合作意识缺乏。缺失一种积极的向上的团体研究氛围，直接影响了教学研究水平和教师教学水平的提高，更谈不上向更高的教研组文化建设层面提升。研究型教师队伍校本建设，盘活了校本教研活动形式，丰富了校本教研活动内容，激发了教研组新活力，突破了以往"主题不明确、话题不集中、研讨无共识，问题无对策"的困局，促使教研组建设走向规范化，逐渐形成了"重书香、爱交流、勤实践、务提高"的校本教研特色。

（一）主题式教研活动

开展主题式教研活动，可使校本教研活动真正激发教师的参与热情，注重发挥教研组长的引领作用，体现骨干教师的示范效应，营造教师之间的互动氛围，使教研组工作焕发勃勃生机，教师教育教学水平获得有效提升。主题式教研活动的开展，必须要有一个鲜明的主题，因为如果缺少教研主题，构建教研文化、提升办学品位就会流于空想。

（二）展示式教研活动

开展展示式教研活动，不仅为教师自身的成长搭建了良好的平台，让教师展示教学教研风采，提升专业能力，增进成就感，而且为教师之间创造了互相学习、研讨交流的机会，让大家共同进步，一起成长。例如，我们的教研组坚持开展"人人上最佳课"活动、"新课改伴我成长"教学展评活动以及"同课异构""教学开放周"等活动。通过一系列的上课、磨课教研历练活动，让每一位教师在学中思、思中做、做中悟、悟中创，不断提升自己的教研教改能力，逐步形成自己的教学特色。

（三）辐射式教研活动

开展辐射式教研活动，不仅让本校突出的教学教研成果起到辐射示范效应，促进成果的推广应用，而且将带动其他学校教学教研活动卓有成效地开展，从而弥补师资力量薄弱、优质教育资源不足的短板，这样就达到双赢共进的目的。在这个过程中，本校的骨干教师有了进一步发挥才能的机会，拓宽了专业发展空间；而其他学校的年轻教师则获得难得的学习机会，在"手把手"的指导中迅速成长。例如，我校作为市区窗口学校，始终在全区担负着推进教育教学改革的重要任务。多次派出优秀教师在全区开设讲座，上观摩示范课；经常开展"送课下乡"活动，带动薄弱学校共同发展。

（四）开放式教研活动

开放式教研活动，注重教师之间广泛的互动交流，讲求教学资源充分的共享利用，为教研活动的顺利开展营造开放的环境。我们的教研组有丰富的可共享教学资源：1. 多媒体电教室、科组活动室、电脑室以及图书阅览室，可供师生进行各种教学教研学习、研讨和课改信息查询；2. 学校每学年购买的教师用书、光碟以及各种报纸杂志等实物资源可供师生循环使用；3. 校园网学科栏内的教学论文、教案、课例、课件、题库、图片、影片及各种课改信息等为教师提供了便利的交流学习平台，实现了资源共享。此外，在现代教育信息化趋势下，学校的教研活动不可能只是囿于传统交流模式，必须充分利用网络开拓校本教研新天地，如创建学校网站、QQ群、微信群、微信公众号等，通过信息资源共享、互动交流学习，加快共同成长的步伐。

三、平台搭建，激发教师成长潜能

学校要营造民主、和谐、融洽、公平、进取的教研氛围，给教师搭建各种各样的平台，让教师展示自我和相互学习，激发教师成长潜能，走上成功、成才、成名之路，实现人生价值。学校教师成长的平台搭建有多种方式，比如可以通过教学比赛，助力教师提升教学能力；通过"百师讲坛"，助力教师提升综合能力；通过论文写作，助力教师提升科研素养。由于有了广阔的平台展示，很多教师就有了成长的动力，成为"名师"的梦想就能一步步变为现实。一句话，教师成长的平台搭建，就是要以教师为中心，实现每一个教师的专业化发展，让每一个教师产生自我成就感、自我满足感和自我实现感。

（一）教学比赛，提升教学能力

教学比赛是提高教师教学能力和专业素养的一种有效途径与重要平台，尤其对青年教师的快速成长具有很大的促进作用。拥有过硬的教学基本功是每位教师必须具备的基本条件，教学竞赛是全面展示、培养和提高教师这一素质的最有效的形式。对于青年教师而言，通过参赛充分展示自己的教风教态、教学设计、教学责任心的同时，还可以考查自己对教材的处理能力、对所教课程内容的理解和熟悉程度、课堂教学组织能力、教学方法和技巧、语言表达、图示板书、信息技术融合应用水平以及教学特色等各个方面的内容。教学比赛的准备和比赛过程，会帮助青年教师得到锻炼和提高，并在展示自己的同时，与其他参赛教师进行各个层面的广泛的交流，互相学习，共同进步。评委专家有时也会把评课意见及时反馈给参赛教师，勉励他们在教学中发扬优点，克服缺点。教学比赛使教师经历了一次全面完整的教学过程训练，也是对教师教学活动效果的一次真实检验。因此，学校要积极推荐教师尤其是青年教师参加各级教学比赛，甚至在校内定期开展教学比赛活动，为每位教师提供展现个人能力的机会，为青年教师搭建快速成长的平台。

（二）百师讲坛，提升综合能力

学校开设"百师讲坛"，即是让教师上台讲好自己的教育故事，分享自己的教育智慧。办好"百师讲坛"，需要学校精心筹划，做好计划安排，定好每次主题，由教师们轮流上台展示，促使教师们的学习得到加强，能力得到锻炼，收获得到共享。"百师讲坛"给全体教师提供了挥洒才情的舞台，满足了他们自我实现的需要，激发了他们的发展潜力。不少教师在教室讲台上站了一辈子，却有可能一次也没有站到全校讲台上。一旦有机会站在这个大讲台上，他们面对的就是全校同事，所讲的内容不但要反映出自己的教育教学能力，还要有一定的创意，以及较好的演讲技巧。如果在这个舞台上演讲成功，得到大家的认可与称赞，则会在无形中提高他们的自信指数，由此拥有为师者的幸福感。同时，这也会给其他教师一定的启发，会让他们"学而时习之"，也争取在这个讲台上取得成功。他们准备的过程，也是对自己的工作进行总结梳理与理论提升的过程。

（三）论文写作，提升科研素养

论文常用来指进行各个学术领域的研究和描述学术研究成果的文章。教研论文是教师教学经验和教学研究成果在写作上的表现。简单而言，就是教师将平时教学中的一些经验或研究进行总结，并综合运用理论知识进行分析和讨论。论文一旦公开发表，便立即产生社会价值。任何读者都可以看，都可以用，都可以从中汲取自己所需要的东西，这是任何物质财富都无与伦比的价值作用。高质量的教研论文不仅可以永载史册，而且也是为社会创造的精神财富，是对教育事业的奉献，是对人类进步的奉献。撰写教研论文，是中小学教师应该具备的专业技能之一，它对于探索教育教学规律、交流工作经验、推动教育研究和教学改革都有着十分重要的意义。撰写教育论文离不开教育教学实践，离不开学习和研究。所以说，撰写论文的过程，就是教学业务水平、理论研究水平和写作水平不断提高的过程，就是从经验型"教书匠"向研究型教师转化的过程。一句话，撰写教研论文，可以促进教师提升科研素养和教学水平，加速教师成为研究型教师的进程。

综上所述，教育形势的发展，对教师队伍建设提出了全新的要求和美好的愿景。研究型教师队伍校本建设彰显了系统化、全面性的教师教育理念，有助于推进学校教育高质量发展。因此，在新时代教育改革背景下，我们有必要正确把握研究型教师队伍校本建设的基本特征，注重研究型教师队伍校本建设的内涵提升，运用好研究型教师队伍校本建设的主要策略。

第四章 基于研究型教师队伍校本建设的理念转型

研究型教师的培养是一项长期艰巨的战略性任务，对学校教育的发展意义重大、影响深远。在一所学校范围内，要实现教师从传统经验型向研究型转变，必须从上到下，促进学校管理者及教师的教学教研理念转型，构建有利于研究活动广泛开展的教育科研管理机制，组织开展多种方式的校本教研活动，提高教师的研究能力。理念是行动的先导。只有先进的教学教研理念，才能引领教师开展卓有成效的教学教研活动，进一步提高教师的教学教研能力，促进教师走上幸福的研究之路，成长为研究型教师。那么，如何实现基于研究型教师队伍校本建设的理念转型呢？这里从推进课题研究、深化课堂改革和加强课程建设三个层面展开校本化探索。推进课题研究，打开的是研究型教师队伍建设的局面；深化课堂改革，巩固的是研究型教师队伍建设的成果；加强课程建设，提升的是研究型教师队伍建设的品位。三者相得益彰，相互促进，相互补充，共同推动研究型教师队伍校本建设水平达到新高度。

第一节　推进课题研究，打开研究型教师队伍建设的局面

课题研究是经验型教师向研究型教师转型的重要标志。没有参与过课题研究的教师，难以成长为研究型教师。课题本身就是问题，但课题专指通过提出问题、假设、试验等过程加以解决的问题。课题研究以问题为载体。问题是构成研究活动的核心要素，它来自研究者的询问、发问与追问，教师只有养成向教育教学日常生活询问、发问与追问的意识和习惯，才能不断提出有意义的值得研究的教育教学问题。课题的研究、实践与探索，使校本教研活动主题更明确，效果更显著，有力地提升了教学教研活动品位，提高了教师的教育教学水平，也促进了学生的发展。课题带动教研模式是一种高层次的教研模式，它符合"任务驱动原理"，通过"课题（选题）—任务（目标）—动力"来带动教师们开展一系列学习研究活动，从而真正走上研究型

教师成长之路。

2021年1月，湛江市第二十九小学冯少玲校长主持的岭南师范学院广东省中小学教师发展中心课题"教师教育一体化视域下研究型教师队伍建设的校本化探索"获准立项，由此揭开了该校教育科研工作的新篇章，开启了研究型教师队伍建设的探索之旅；冯少玲校长主持的广东省教育科学规划2021年度重点课题"卓悦教育：教育现代进程中优质教育的新范式探索"获准立项；另外五位一线教师主持的2项市级教育科学规划课题和3项区级教育科学规划课题也相继获准立项。同年，该校共有6项课题顺利结题，其中省级1项、市级3项、区级2项。如今，湛江市第二十九小学有超过70%的教师参与到课题研究当中。通过扎实推进课题研究，湛江市第二十九小学全面加强了教育科研工作，打开了研究型教师队伍建设的新局面，带动了一批青年教师加速成长，提升了教师们的专业素养，进一步提高了学校的教育教学质量。

下面的案例是湛江市第二十九小学一次省、市级课题联合结题活动。

教与研携手　学与思并肩[①]
——记湛江市第二十九小学省市两级三项课题结题鉴定会

初冬已至，金秋未远。湛江市第二十九小学于2021年11月3日上午召开省市两级三项课题结题报告会，并顺利结题。本次结题为2019年广东省教育研究院义务教育道德与法治教学专项研究课题1项和湛江市中小学教育科学"十三五"规划2019年一般项目2项，共3项课题。本次会议由湛江市赤坎区教师发展中心主办，市二十九小协办，获得圆满成功。

学校有幸邀请到湛江市赤坎区教育局党组成员、二级主任科员尤日校同志，湛江市教育局思政科教研员柯亚忠老师，湛江市赤坎区教师发展中心李永东主任，湛江市赤坎区教师发展中心教研员洪小灵老师、劳业丽老师等领导专家进行指导。

课题主持人分别是冯少玲校长、赵德兰老师和袁凤老师，课题组成员主

[①] 本案例由湛江市第二十九小学陈婷老师提供。

要由市二十九小学和市十七小学的部分骨干老师组成。这3项课题研究目标明确、研究内容扎实，研究成果丰硕，得到了与会领导专家的积极肯定和高度评价。

本次会议由湛江市赤坎区教师发展中心教研员洪小灵老师主持。她简要介绍了本次会议的与会人员及议程。

首先是第一项议程，黎羽副校长为课题结题会议致辞，预祝结题报告会圆满成功！

接着是第二项议程，三位课题负责人作结题报告。

冯少玲校长作为"小学《道德与法治》学习评价方法探究"课题主持人，她强调"干者必实，干者必成"，做课题就要真做实干，扎扎实实。结题报告汇报中，冯校长从课题的研究目标、研究内容、研究方法、研究过程、研究成果和研究效果七个方面做了详细的介绍。

袁凤老师通过PPT展示，汇报了课题"基于微课的小学语文翻转课堂实践策略的研究"，从准备、实施到总结的过程，重点介绍了课题研究的模式建构，即"二段八环"翻转模式。

赵德兰老师作为"小学英语自然拼读与绘本阅读相结合的教学研究"课题的主持人，为该课题做结题报告。她主要汇报研究成果名称、内容、创新点、推广等方面的情况。

在课题主持人汇报后，会议进入第三项议程：专家点评环节。

李永东主任点评"小学《道德与法治》学习评价方法探究"。他指出该课题新颖、先进、有价值，成功地填补了该教研领域的空白，具有很大挑战性。同时充分肯定了该课题的研究目标、内容指向明确，研究扎实，成果丰富显著。

洪小灵老师点评"基于微课的小学语文翻转课堂实践策略研究"。洪老师言辞犀利，又不失优雅，与袁老师进行互动交流。她指出该课题的研究与传统的翻转课堂模式之间的不同之处，并称赞这新的翻转课堂模式具有时代性，对于提高教师信息素养，推广信息化教学起很大的作用。同时，她对结题报告提出了一些有价值的改进建议。

劳业丽老师点评"小学英语自然拼读与绘本阅读相结合的教学研究"。她充分肯定了该课题研究方法恰当、思路正确、分工明确、操作性强等特点，还称赞了该团队老师创编的作品，尤其是绘本的内容生动丰富。

"教而不研则浅，研而不教则空。"衷心感谢三位专家的充分肯定、课题组团队的辛勤付出、学校领导的大力支持、教导处的精心组织、有关行政的积极配合以及老师们的认真学习！

"长风破浪会有时，直挂云帆济沧海。"在学校卓悦理念引领下，我们二十九小人将在教育科研之路上奋勇前行，着力打造"卓悦教育"品牌，促进师生们卓越、幸福地成长。

湛江市第二十九小学秉持"科研兴校"的理念，高度重视课题研究工作，积极发动更多的教师参加课题研究活动，营造"人人参与研究"的浓厚氛围，使教师们更新理念、明确方向，真正地走上幸福的科研之路，向学习型、研究型教师发展。的确，学校要让教师牢固树立"人人都是研究者"的思想意识，倡导"问题即课题，教学即教研，成长即成果"的科研理念，鼓励教师主动从学生的学习、自己的教学中发现问题，共同探讨，形成课题，并认真开展研究活动。那么，基于研究型教师成长视角，做为一线教师，如何更有效地选择课题并开展好研究活动呢？下面，主要从三个方面进行具体阐述。

一、课题选择的基本原则

校本研修总是从问题开始的。发现和选择问题的重要不亚于解决一个问题。这是因为课题引导着整个研究的方向，制约着整个研究活动的进行，关系着整个研究的价值。课题选择关系到研修的质量与成效。一般而言，课题选择应当遵循以下基本原则。

（一）目的性

课题的选择首先要有明确的目的。为什么选择这一课题？这一课题的研究对教育教学具有什么价值与意义？选题时必须明确回答这些问题。选题目的明确，研究方向才易于把握。选课的目的应该来自教育教学的实际需要，也就是从教育教学的客观实际出发，解决教育教学中的理论或实践问题。选题目的和方向不明确，涉及研究的层面过多，从而导致一些困难，不是课题进行不下去，就是每个方面都不能研究透彻。因此，选题时应把握目的性原则。

（二）科学性

科学性就是课题的选择要有一定的理论根据与实践基础。这体现在研究问题的指导思想和研究目的的明确上，立论科学合理，事实具体充分。对于一线教师来说，具有丰富的实践经验，容易使选题具有实践基础，但他们普遍认为最为困难的是自身缺乏理论基础。所以，教师要加强教育教学理论的学习，不断充实自己，才能在教育教学实践中选出好的课题。

（三）创新性

选择的课题要有创新性，而不要赶时髦，人家搞什么，我也搞什么，全然不顾自己的实际情况。课题研究要求研究人员具备创新精神，要有不同于前人、他人的眼光，研究没有人做过或没有人在做的课题，或者是别人做过却未能解决或者未完全解决的问题。这样就做到了选题的新颖性和独创性，避免了在低水平上重复研究。

（四）可行性

可行性是指课题的选择必须充分考虑主客观条件，分析课题在实际研究过程中的可操作性。这要求研究者不能脱离实际空想、幻想，只做所谓纯粹教育的课题。从主观方面看，自己是否具备课题研究必需的知识水平和研究能力，自己的经验、精力、兴趣所在等是否满足研究的需求。从客观方面看，学校是否具备研究的人文环境、师资水平、实验基础、教学设备、教研经费等，是否能得到领导的支持和各方面的配合。

二、课题研究的主要步骤

课题研究要有实效，就要有计划、有步骤地进行。其过程是一个螺旋上升循环发展的动态过程，它不是一个线性结构，而是一个不断趋向解决问题的复式循环过程。教师开展课题研究，可以按以下四个步骤进行。

（一）界定研究内容

界定研究内容，是课题研究的前提和关键。研究内容的界定不但将课题分解为一个个可以直接着手的具体的问题，也规定了一定的范围，任何一项研究不可能也不必要将课题所能涉及的所有问题进行全面研究。中小学教师开展课题研究首先必须明了研究的内容，否则，研究工作将无从着手。

（二）设计研究方案

研究问题明确后，就要设计研究方案，进一步分析问题的成因，制定问题解决的方法与步骤。这里，最重要的工作有两项。

第一，要了解已有研究成果，学习相关理论。任何课题研究都不是从"零"开始，而是以原有成果为起点的。教师要围绕课题研究的问题，搜集相关文献，并对文献进行认真阅读和分类梳理，从而全面了解同类或相关课题研究现状方面的信息，明确已有的研究结论和经验，发现原有研究的不足，站在问题的前沿，寻找研究问题的理论支撑，保证研究工作在理论指导下有针对性地开展。

第二，提出自己的研究假设。这是研究方案中最富有个性化和创造性的部分。一个好的假设，是课题研究的关键。任何假设都具有假定性、科学性和预见性。假设不是臆断，它以教育理论为导向，以经验事实为根据，以原有研究为借鉴，而又经过研究者的论证和交流。假设也是一种走在行动之前的思想、一种先于事实的猜想，是研究者从思想观念上对未来的洞察和把握。

（三）开展行动研究

研究方案只是一个解决问题的思路和设想，课题研究的核心是行动，行动是研究方案付诸于实践的过程。但是，这种行动不是一般意义的行为和动作，而是一种变革、改进、创新，是一个寻找问题解决、创造教育实践新形态的过程。这就是行动研究，它具有以下特征。

第一，验证性，即检验研究方案的可行性，证实或证伪研究假设。这是课题研究的基本特征。

第二，探索性，即发现和寻找各种新的可能性。这是课题研究的本质特征。

第三，教育性，即服务于学生的发展。这是课题研究的灵魂。

（四）总结研究成果

总结在课题研究中既是一个研究循环的终结，又是过渡到另一个研究循环的中介。在总结这个环节中，教师作为研究者主要做以下几项工作。

第一，整理与描述，即对已经观察和感受到的，与研究问题有关的各种现象进行回顾、归纳和整理，其中要注重对有意义的"细节"进行描述，使其成为教师自己的教育故事或教学案例。这是叙事研究在课题研究中的体现，它会给教师的研究带来新的变化。

第二，评价与解释，在回顾、归纳和整理的基础上，对研究的过程和结果作出判断，对有关现象和原因作出分析和解释，探讨各种教学事件背后的理念，揭示规律，提高认识，提炼经验。

第三，重新设计，针对原有方案及其实施中存在的各种偏差或"失误"，以及新的感悟、新的发现、新的认识和新的思考，修改原有方案或重新设计方案，并付诸实施，进行进一步的检验、论证和改革探索。

在上述工作之后，教师应撰写一份较为完整的课题研究报告，其构成主要包括：课题提出的背景、课题研究的目的和意义、已有研究成果、课题研究的内容、课题研究的方法、课题研究的实施过程、课题研究的主要结论。课题研究报告的撰写要避免纯理论性的论述，要联系自身的教育教学实践经历，反映教师的个体体验和实践知识。[①]

三、课题研究的落实措施

要发挥课题研究的效果，就要落实好以下五项措施。

（一）组织管理落实

课题要搞好，首先必须有人去抓，去组织管理。为此，学校应建立组织机构，并将其列入学校的日常工作议程，有条件的学校应设立科研室，由学校领导分管，年级组长、教研组长、骨干教师组成学校、学科、年级三级教科研网络。一级抓一级，加强管理，层层落实。

[①] 冯锁堂. 校本研修模式与案例 [M]. 天津：天津教育出版社，2007：197-199.

（二）理论学习落实

教育发展历来有两个生长点：一是理论上的提升，二是实践上的突破。开展科研活动必然借助教育理论，因为缺少教育理论指导的研究是盲目的。学习理论主要包括三个方面：①教育理论方面，如教育学、教育史、教学法、心理学、管理学等；②各种教育教学报刊资料、图书资料；③外地其他学校先进的教改经验。每个教师应配备学习笔记，摘记重点内容，撰写心得体会；学校领导要定期检查教师的理论学习情况。

（三）方案设计落实

有了课题和研究人员，具体怎样去操作，这就涉及如何落实课题方案的设计。为此，学校可以邀请教研部门的教研员、科研部门的专家乃至其他学校的名师作课题指导工作，使课题方案设计更具有创造性、操作性和可行性。这里有科研开展的四大策略：研究问题、行动研究、解读案例和总结经验。

（四）方案实施落实

科研工作重在抓过程。每个课题方案设计出来后，关键在于如何去实施。学校的各级科研组织网络要根据分工与职能定期检查，发现问题及时解决。对于一些难以解决的科研问题，可找有关专家进行"会诊"，确保课题顺利推进。此外，为了促进课题方案有效实施，学校要经常开展一些教学比武、论文评比等竞赛活动，以此激发教师的学习意识和拼搏精神。

（五）科研制度落实

科研制度包括科研工作规范和各种奖惩制度。为保证科研工作顺利进行，学校应制定科研立项、实施、总结、推广等工作机制。为了调动教师参与教育科研的积极性，学校还应制定相应的考评奖励制度，让科研工作能同教师的评优评先、职称聘用、职务晋升等切身利益联系起来，让科研管理制度化、规范化。①

第二节 深化课堂改革，巩固研究型教师队伍建设的成果

"课堂"是学校教育教学的基本组织形式。教师培训的出发点与落脚点都是提高教师的基本素质，提高其实施课堂教学的能力，以提高教育教学质量。研究型教师校本建设无论如何不能脱离课堂，不能不研究课程和教学。课堂教学是复杂的，一个教师一个样，一个学科一个样。没有课堂教学层面的改革，就不可能有真正的新课程的实施，教育改革也无从突破。从这个意义上讲，抓住了课堂就抓住了根本；抓住了课程和教学，就抓住了课程改革的关键所在。在研究型教师校本建设中，教师应以课堂为主阵地，在备课、说课、上课、议课等环节上下功夫，努力深化课堂教学改革，积极实践自己从理论学习中提炼的新理念，在教学实践中反思、总结和提炼，形成自己优化的教学模式，从而解决教学中遇到的实际问题，提高自身的教育教学能力，并打造自己的教学品牌，成长为研究型教师乃至专家型教师。

自2021年至2022年，湛江市第二十九小学以构建"卓悦课堂"教学模式为着力点，积极组织开展"卓悦课堂"教学比赛活动，两年间分别在上半年开展了两届语数英"卓悦课堂"教学比赛，又分别在下半年开展了两届术科"卓悦课堂"教学比赛。全体教师积极参与课堂比赛活动，全学科大练兵，以赛促研，掀起了一轮轮校本课改新高潮，促进教学质量提升。依托深化课堂教学改革，湛江市第二十九小学巩固了研究型教师队伍校本建设的成果。

---

① 徐世贵，刘恒贺等. 校本研修模式探寻[M]. 长春：时代文艺出版社，2005.

推进"双减"教学创新　打造优质"卓悦课堂"[①]

——记湛江市第二十九小学第二届术科"卓悦课堂"教学竞赛活动

最美风景在课堂！为了进一步深化学校课堂教学改革，落实"双减"政策要求，加强对学科核心素养和课程标准的学习交流，提升教师的教学水平和教研能力，促进教师专业成长，构建优质高效的"卓悦课堂"，提高教学质量，2022年10月20日，湛江市第二十九小学举办了第二届术科"卓悦课堂"教学竞赛活动。

本次课堂竞赛活动主题是"推进'双减'教学创新，打造优质'卓悦课堂'"，参赛选手是美术科组、音乐科组、体育科组、思政科组、科学科组、信息科技科组和综合实践科组七个科组各1位老师。各位参赛老师踊跃报名，精心准备，认真参与，同台竞技，各显千秋，生动彰显了"卓悦课堂"的创新理念，精彩演绎了"情思—体悟—慧用"体验教学模式，向大家呈现了一节节各具特色、精彩纷呈的优质课例。这样的活动，不仅为参赛老师搭建了专业成长平台，而且让听课老师相互学习与提升，对于促进学校课堂教学水平的提高具有积极的意义。

体育科组龚艳华老师率先打响头炮。龚老师执教的是三年级体育《障碍跑：跨过障碍物》一课，本课按照"情思—体悟—慧用"体验教学模式进行教学设计，采用了情境体验教学法，以帮助农民伯伯收稻谷为主线，在收稻谷的路上遇到不同的障碍，体验快速安全通过障碍的方法，培养学生不怕苦不退缩、珍惜粮食的精神。"情思"环节，以"蛇形跑""热身操"和"躲雨"游戏引入，激发学生参与活动的热情。"体悟"环节，设计了两个体验性活动：跨越"小水洼"和跨过"高土堆"。"慧用"环节，举行了红色教育组合比赛，激发学生的学习积极性，取得更好的教学效果。

信息科技科组谢旭峰老师执教的是四年级信息技术《乡村风情画》一课。"情思"环节，谢老师巧妙地运用同学们乡村郊外秋游导入，激趣引思。"体

[①] 本案例由湛江市第二十九小学陈文丽老师提供。

悟"环节,梳理画乡村风情画的步骤,小组合作,实践探究。"慧用"环节,展示成果,交流分享。谢老师以生为本,娴熟运用信息技术,融合创新,引导学生学会电脑绘画。

思政科组曹马妹老师执教的是五年级道德与法治《我们神圣的国土》一课。"情思"环节:情境导入,走进辽阔疆域。先播放视频《航拍中国》,激发起学生探究国土辽阔的兴趣,初步点燃学生的家国自豪感。"体悟"环节:活动探究,感受疆域辽阔。此环节设计了四个活动板块——活动一是学生分享,畅说疆域辽阔;活动二是小组合作,探究疆域辽阔;活动三是游戏体验,了解行政区域;活动四是导游介绍,畅游宝岛台湾。"慧用"环节:拓展延伸,守土有责;通过观看视频谈感受、说做法、齐宣誓等活动形式,再一次激发学生守土有责的意识,加深学生的爱国情感,达成本课的德育目标。

综合实践科组谢晓红老师执教的是三年级《岭南佳果知多少》一课。"情思"环节:播放"绿化芒能不能吃"的视频进行导入。"体悟"环节:学生小组合作,学会探究,通过网络查询和报刊查阅,收集资料,了解水果的特征、营养价值、挑选方法、禁忌等小常识,懂得科学合理地吃水果,达到营养均衡,促进身体健康的目的。"情思"环节:学生为家人设计一份水果餐单。

音乐科组钟碧霞老师执教的是一年级《青蛙合唱》一课。"情思"环节:播放图片"池塘里的青蛙",引用青蛙的声音进行发声练习,加入旋律,让学生听出音高音低。"体悟"环节:学唱歌曲,模仿小青蛙、老青蛙,从音乐中感受动物可爱的形象,培养学生热爱大自然的感情,并懂得动物是人类的好朋友。"慧用"环节:拓展延伸,综合表演;引导学生认识手板和蛙筒,分别用蛙筒和手板为歌曲伴奏,同学们课堂气氛比较活跃。

美术科组詹惠愉老师执教的是《家乡的桥》一课。"情思"环节:谜语导入,激趣引思。"体悟"环节:通过欣赏赵州桥、广州丫髻沙大桥、五亭桥、湛江海湾大桥等图片,引导学生深入了解桥"近大远小"的原理、桥的构造、作用等。"慧用"环节:学生很认真地画了自己心中最美的桥,然后进行展示。这节课丰富多彩,桥反映了一个时代的经济发展、历史文化等情况。

科学科组罗伟容老师执教的是四年级《声音是怎样传播的》一课。"情思"环节——聚焦:播放神十三宇宙级好声音视频,激趣引思。"体悟"环节

——探索：老师进行模拟实验。探究真空罩中的闹钟与空气中的闹钟有什么区别，应用音叉和水槽振动，可以得出声音能够在水中传播。"慧用"环节——拓展：分组实验，玩土电话游戏，声音以波的形式传播。本课让学生主动参与到观察、实验、合作、探究的学习活动之中，让学生在愉悦的氛围里体验科学探究的过程，同时体验成功的乐趣。

经过激烈角逐，本次竞赛活动最终评出一等奖 3 名，二等奖 4 名。教学有温度，课程有深度。课堂教学竞赛的意义在于以赛促研，以研促教。这次课堂竞赛，老师们深入把握了"双减"背景下的新课改要求，贯彻了新课程理念，让学科核心素养落地，集中展现了"卓悦课堂"的魅力。这是一次"双减"背景下课堂改革的创新突破，也是一次"卓悦教育"引领下教师成长的自我超越。

比赛已经完美落幕，但我们教研的步伐并没有结束。在幸福的教研之路上，湛江市第二十九小学"卓悦教师"团队必将踔厉奋发，勇毅前行，善作善成，谱写华章，走向教育高质量发展的诗与远方。

在"卓悦教育"理念的引领下，湛江市第二十九小学开展"卓悦课堂"教学改革探索，并整体推进，深入实施，为广大中小学校深化课堂教学改革提供了新范式。随着我国新一轮基础教育课程改革的深入推进以及核心素养的贯彻落实，深化课堂教学改革成为教育界的共识。越来越多的教师认识到需要转变传统教学观念和创新教学模式，关注学生的主体地位，推进课堂教学深度转型，提高课堂教学实效，发展学生核心素养。那么，中小学如何通过深化课堂教学改革，提高课堂教学实效，同时促进研究型教师队伍建设呢？下面，从两个方面进行具体阐述。

一、推进课堂教学创新，引领教师角色转型

传统课堂教学主要是以教师的主动讲授和以学生的被动反应为主要特征，

教师往往注重通过语言的讲述和行为的灌输来实现知识的传授，在教学过程中教师的主导地位倾向突出，而学生的主体地位却被习惯性地忽视。传统课堂教学存在诸多不足之处，主要体现在三大方面：教学理念陈旧，教学模式僵化和教学方式呆板。这跟新一轮基础教育课程改革的要求与趋势不相适应，直接导致了学生的学习兴趣消退、课堂教学效益降低，无法支撑起教育高质量发展。因此，传统课堂教学理应进行深入反思和改革：一是革新课堂教学理念；二是创新课堂教学模式；三是转型课堂教学方式。从教师专业发展的视角来看，推进课堂教学创新，引领教师角色转型，即在课改中促使教师由经验型转向研究型。

（一）革新课堂教学理念

教学理念是对认识的集中体现，同时也是人们对教学活动的看法和持有的基本的态度和观念，是人们从事教学活动的信念。教学理念有理论层面、操作层面和学科层面之分。明确表达的教学理念对教学活动有着极其重要的指导意义。当前，不少教师仍旧囿于传统教学观念，教学应付了事，照本宣科，平淡枯燥。课堂教学改革要落地，教学质量要进一步提高，教师的教学理念革新无疑是关键前提。有些教师认为，教学理念是虚无的，难以转化为教学实践。诚然，任何一种教学理念的生成或转化都不是轻而易举的事情，除了教师主动学习、努力之外，更需要学校层面的系统建构和整体推进。特别是随着新一轮基础教育课程改革的深入开展，促使教师们的课改理念向教学实践转化，便成为了校本教研的一项重要任务。

为了革新教师们的教学理念，开拓教师们的教育视野，提高他们的理论水平和业务素养，学校应购置大量有关教育教学理论书籍，组织全体教师积极参与读书活动。通过读书活动，教师们对先进理念有了更深的理解，教育教学以及管理手段得以不断丰富，在学习和实践中不断进步。此外，学校应抓实校本培训工作，实施"走出去"和"请进来"的培训策略，让教师们充分地学习专家名师先进的教育理论和教学思想，充实与更新教育教学理念。

（二）创新课堂教学模式

教学模式是指依据一定的教学思想和教学理论而形成的，相对稳定的、系统化和理论化的教学活动的范型。教学模式是教学理论联系实际具体化，又是教学经验的一种系统的概括；它既可以直接从丰富的教学实践经验中通过理论概括而形成，也可以在一定的理论指导下提出一种假设，经过多次实验后形成。新形势下，"填鸭式"教学模式已经难以适应教育改革发展的需要。教师应以课堂为主阵地，紧跟课堂教学改革的步伐，学习新理念，在教学实践中反思、总结和提炼，探索适合教学实际的新型教学模式，解决教学实际问题，并提高自身的教学教研能力。

当然，教师单凭自己的专业知识、教育理论基础和原有教学实践经验是不够的，难以解决课改过程中出现的大量实际问题。教师必须在教学实践中不断进行研究，把抽象的教育原理与具体的教学实际结合起来，形成自己优化的实践教学模式。教师要充分发挥主动性和创造性，批判地、系统地考察自己的教育教学实践，认真分析、研究教育教学实践中遇到的问题，努力使自己成为研究型教师，走上自主发展的道路。在学校层面，学校管理者应整合教师群体的力量与智慧，充分发挥教研组的作用，以课题研究为抓手，邀请专家定期指导，积极开展课改研究实验，稳妥推进教学模式创新，推进课堂教学深度转型，提高课堂教学实效。

（三）转型课堂教学方式

教学方式是指为达到教学目的，实现教学内容，运用教学手段而进行的，由教学原则指导的一整套方式组成的、师生相互作用的活动。教学方式亦即教学方法的活动细节。教学过程中具体的活动状态，表明教学活动实际呈现的形式。传统的教学方式一般以组织教学、讲授知识、巩固知识、运用知识和检查知识来展开。在新一轮基础教育课程改革理念下，这种枯燥的"讲授式"教学方式，其缺陷越来越显现出来，显然难以达到激发学生学习动机、提高课堂教学效益的目的。教师的教学方式直接影响着学生的学习方式。没有教师教学方式的转型，就很难有学生学习方式的转型。因此，教学方式转型，已成为深化课程改革迫切需要解决的一道难题。

教师的教学方式转型可从五个方面入手：一是变"组织教学"为"动机激发"，其目的是让学生在师生交往的情境中，受到某种刺激，对将要学习的内容产生需求的欲望，进而形成学习的动机；二是变"讲授知识"为"主动求知"，其目的是让学生摆脱教师那种生浇硬灌的教学模式，掌握学习的主动权，根据自身的实际来选择、探求蕴藏在教材中的知识；三是变"巩固知识"为"自我表现"，其目的是让学生免除机械记忆、重复练习之痛苦，以自我表现的形式消化、深化知识，张扬个性，加强合作；四是变"运用知识"为"实践创新"，其目的是让学生打破书本的局限，突破经验教训的禁锢，不做知识的奴隶，着力培养自己求异、求新的创新思维和敢疑、敢闯的创新精神；五是变"检查知识"为"互相交流"，其目的是让学生通过同学间、师生间的学习体会和情感体验的交流，总结知识，体验学习方法，感受学习的酸甜苦辣。教学方式转型，可跟教学模式创新同步实施，最大限度地发挥教学改革的效能。

二、推进"教""研"并举实施，做到校本研训一体

小小的课堂蕴藏着广阔的世界，其间的"奥妙"与"精彩"属于有志的探索者。深化课堂教学改革，还需要努力推进"教""研"并举实施，做到校本研训一体。教而不研则浅，研而不教则空。研究是教学的基础。只有做好研究，才能提高教学工作业绩；而只有教学工作业绩的提高，才能让研究有更多的材料可研。教学与研究是循环反复的过程，两者相辅相承，有着不可分割的关系。作为一名教师，要成长，要进步，离不开学习，也离不开教科研。只有在实践过程中养成研究的习惯，善于观察，不断积累，勤于思考，勇于探索，做到研训一体化、研用一体化，才能形成"在教学中研究，在研

究中提高"的良性循环，使自己的业务能力和教学水平不断跃上新的台阶。

（一）在研究中教学

教师是一个需要一路前行的职业，研究应当成为教师的职业状态。通过教学研究，可以架起课程理念和教育理论转化为教学行为的桥梁，促进先进教学经验的提炼和传播，促进教师的专业发展和改进教学；教学研究可以促使教师的角色由传授型向研究型转变；教师在教学研究过程中也可以体现自身的价值，体验成功的乐趣。一个教师如果不重视研究，或许他可以成为一个经验型的教师，但一定难以成为学者型、专家型的教师。因此，教学研究是现代教师的一项基本功。

研究使教师对教育教学现象保持持久的探究兴趣，并为解决探究过程中的问题而不断地学习与思考。研究是教师专业工作中自主性和自主能力的最高表现形式（教师自我教育的过程），是教师富有创造性的内在机制，是提升教师专业素养的必由之路。教师在教学中会遇到诸多困惑，需要广大一线教师积极探索。如课堂教学究竟该怎样组织？课堂上你真正关注学生了吗？你的课堂是生成性的吗？你的课堂提问是否有价值？……所以，研究能指导日常教学，解决教学问题，改进教学实践，使教师从无专业特征的"知识传授者"的角色定位提高到具有一定专业性质的专业技术人员，使教师职业获得"生命力和尊严"。

（二）在教学中研究

教学实践是开展教学研究的平台和土壤。许多科研课题往往来自教学中的"一得"，许多卓有科研成效的教师也多得益于教学实践的锻炼。事实上，对于一个普通教师来说，上好一节课，就是一次教研。所以，我们教师要上好本学科的每一节课，着眼小问题，从钻研教材、研究教法、分析学情、编写教案（学案或教学设计）、反思教学（教后感或案例分析）等方面去思考和研究，开展主题讨论、集体备课、专题讲座、教学探讨（示范课、汇报课、研讨课、公开课）等教研活动，研究的内容要基于实际，微观具体，注重实践操作。

第三节　加强课程建设，提升研究型教师队伍建设的品位

"一门触碰心灵的好课程会让人终身受益。"对学生如此，对教师亦然。课程建设过程中对于课程目标的确定、课程体系的搭建、课程资源的开发、课程教学的实施、核心素养的落地等，无不考验着教师的综合水平与专业素养。学校课程建设及实施过程是教师素养得到提升的过程。[1] 学校课程建设是整合三级课程资源，统筹课程结构、内容和实施方式，促进学校课程体系不断完善的系统工程。目前，课程建设被许多教育管理者热情地倡导，成为教育行政机构和学校工作计划中的常规内容。许多中小学也将其作为创造性地实施新课程，实现特色化发展的有效途径。[2] 学校工作的核心是课程建设，教师专业的核心是教学能力。课程是学校得以存在的根本，因为有了系统的课程，学校才有了家庭教育、社会教育不可替代的作用。课程是教师教学的框架体系、目标标准和评价原则的总称，对教师的教学起到决定性的作用。教师对课程的把握能力关系到教师实施课程的能力，教师对课程的执行能力决定了学生的发展。未来教师的核心竞争力之一，就在于课程开发与建设的能力。因此，在学校中应加强课程建设，促进教师的专业发展，培养研究型教师，提升研究型教师队伍建设的品位。

湛江市第二十九小学豆海湛老师主持的课题"核心素养导向下小学体验式作文教学策略研究"（2019ZJZD008），2019年2月被湛江市教育局批准为

---

[1] 裴云姣. 以课程建设促教师成长 [N]. 中国教师报, 2019-05-08 (14).
[2] 车丽娜, 徐继存. 学校课程建设的合理性省察 [J], 课程·教材·教法, 2016 (10).

湛江市中小学教育科学"十三五"规划重点课题，2021年12月顺利结题。自课题立项以来，豆海湛带领课题组成员扎实有效地开展了各项研究活动，在理论探索与实践研究中获得了一批丰硕的成果；特别是依托课题研究开发了校本课程"新体验作文"，研究成果"小学'新体验作文'校本课程的建设与实施研究"于2021年1月荣获"第五届广东省中小学校本课程建设评展活动二等奖"。

小学"新体验作文"校本课程的建设与实施成果简述

一、课程建设成果内容

小学"新体验作文"校本课程建设成果是豆海湛老师在湛江经济技术开发区第一小学任教期间（2015—2020年）着力建设与实施的校本课程成果，也是该校在小学作文教学改革创新上的一项研究成果。本成果内容主要包括《体验教学的策略与方法》（编著）1本、《小学新体验作文教程》校本教材4本、《小学新体验作文高分技法》校本教材1本、《小学体验式作文教学设计》4本、《小学新体验作文学生作品集》4本、《小学体验式作文教学论文集》1本、制作小学作文专题微课10个。

小学"新体验作文"校本课程以体验式教学理念为引领，以"新体验作文"课程为载体，以中高年级学生为学习对象，整合了课内单元习作与课外趣味写作的课程资源。自2017年3月以来，学校在中、高年级每个班每周开设1节作文课，另外利用每周下午的第二课堂时间开设了三、四、五、六年级4个写作兴趣班，实施体验式作文教学。学校以豆海湛老师为主要负责人的研究团队致力于小学体验式作文教学的研究与实践，着力建设"新体验作文"校本课程，取得了不错的成效。2019年2月，豆海湛老师主持的课题"核心素养导向下小学体验式作文教学策略研究"获得湛江市中小学教育科学"十三五"规划重点课题立项，从而促使"新体验作文"校本课程建设与研究水平提上新的高度。

体验，也叫体会。与经验不同，它不仅仅重视主体的心理结构，而且在经验的基础上更注重主客体合一的动态建构。体验式作文教学，是教师在教学过程中通过创设情境或机会引导学生亲历体验，加深对自然、社会、人生、自我等的认识和感悟，激发写作动机，打开写作思路，丰富写作素材，从而让学生真切表达内心感受并获得自主发展的作文教学。体验式作文教学符合学生心理发展的规律，贯彻新课程标准对作文教学的要求，适应落实学生语文核心素养发展的课改趋势。在体验式作文教学理念与模式的指引下，我们不断创新内容与形式，着力建设"新体验作文"校本课程，并打造成学校精品课程。

二、课程建设成果水平

体验式作文教学以学生为写作主体，注重学生的生活体验、生命感悟和个性张扬，彰显了新颖的理念；试图解决传统作文教学中存在的理念陈旧、模式僵化、策略单调等突出问题，实现高效的小学作文教学。以体验式作文教学理念与模式开发"新体验作文"校本课程，体现了较高的教学实践应用水平与学术水平，具有推广应用价值。

2017年2月，豆海湛老师撰写的专著《体验教学的策略与方法》由福建教育出版社正式出版。本著作对"体验教学"的内涵、特点、策略等进行了系统的阐述，为"新体验作文"校本课程建设奠定了坚实的理论基础，同时也明晰了实践路径。由我们团队合力编写的校本教材《小学新体验作文教程》（4本）和《小学新体验作文高分技法》（1本）具有趣味性、创新性和可行性，为"新体验作文"校本课程的实施提供了可靠的载体。我们还注重国家课程校本化探索，既积极开发课外课程资源进行新体验作文教学，又紧抓课内单元习作教学，力图构建完善的"新体验作文"校本课程体系，因此我们编写了《小学体验式作文教学设计》4本。

小学"新体验作文"校本课程讲究理论与实践紧密联系，注重实战性与现场感，易于教师实际操作，也易于学生学以致用。新体验作文教学彰显了传统作文教学所未具备的独特优势，有利于学生写作动机的激发，有利于学生语言能力和思维素养的提升，有利于学生实践能力和创新精神的培养。在小学作文教学中开展新体验作文教学研究，使教师掌握有效、灵活的教学策略，不再为教作文而教作文，也使学生的学习动机也得到激发，并获得真实的生命体验与成长感悟。这对于小学语文教师实施怎样的作文教学来说颇具应用借鉴价值；对于小学语文教师破解核心素养下的小学作文教改困惑、为小学作文教改找到新出路具有较高的学术价值。

三、课程建设实施效果

小学"新体验作文"校本课程获得了良好的实施效果，主要体现在以下三个方面。

（一）突破了传统作文教学模式的掣肘，提高了小学作文教学质量

小学"新体验作文"校本课程的建设与实施，立足课程改革，依托课题研究，融合了语文核心素养、新课程标准和体验式教学的理念与内涵，突破了传统小学作文教学模式的掣肘，创新了小学作文教学的理念与模式，总结提炼出有效、灵活、系统的体验式作文教学策略与方法体系，提高了小学作文教学的效率与质量。在教研实践中，我们采取了行动研究与个案研究为主的方法，每年制定三轮习作课例研究方案，邀请专家进行专业指导，打造精品课例，反思总结经验，改进教学设计，提升课堂实效。

（二）更新了教师的作文教学观念，提高了教师的作文教学教研能力

小学"新体验作文"校本课程的建设与实施，更新了学校语文教师的作文教学观念，提高了他们适应新课改形势的作文教学水平和研究能力，提高了他们在核心素养导向下进行教学教研创新的能力，促进了他们的专业成长。同时，体验式作文课程建设，打造了学校语文教科研品牌。近几年来，在研究与实践的过程中，我们的团队获得了可喜的成果，有专著、论文、微课、案例、教学设计、校本教材等。其中，我们20多篇论文已发表于省级、国家级教育刊物，还有8篇论文获得省级论文评比一、二、三等奖。

（三）培养了学生的写作兴趣，落实了学生语文核心素养发展

小学"新体验作文"校本课程的建设与实施，深化了学生的生活体验，丰富了学生的精神世界，激发了学生的写作动机，提高了学生的写作水平，培养了学生的语言运用能力和实践创新能力，从而有效地落实了小学生语文核心素养发展。近年来，在我们的组织与指导下，学生参加省、市、区各级各类征文比赛获得了60多个奖项，8篇作品发表在《广东教学报》上，2篇小小说作品发表在《中国小说月报》上，11篇小小说作品选编入由广东人民出版社2017年出版的《校园生态文学写作教程》一书，13篇作品选编入《我

和我的经开区》一书。特别是自 2019 年市作文重点课题立项以来，我们每年为学生搭建了"四个一"的作品展示平台：一个公众号、一份作文报、一本作文集和一场作文赛。我们创办了"体验式写作"公众号，2019 年至今已发表 500 多篇作品；创办了《觉童作文报》，定期出刊，展示学生的佳作，并颁发录用证书；2019 年秋季举办"庆祝新中国成立七十周年"征文比赛活动；2020 年春季举办"众志成城，抗击疫情"专题征稿活动；汇编了 4 本《小学新体验作文集》。

总之，小学"新体验作文"校本课程建设是一项基于体验式教学理念的作文课程改革探索，力图解决传统作文教学存在的低效问题，为深化小学作文教学改革实现重要的突破。虽然我们取得了显著的阶段性成果，但也存在一些不足之处需要加以完善。往后，我们将继续在课程理念、课程内容、教材编写、成果提炼等方面下功夫，改革创新，精益求精，把小学"新体验作文"校本课程打造成有影响力、可推广的品牌课程，促进学校的特色发展。

"新体验作文"校本课程建设获得了显著的成果及效果，让学生、教师和学校三者都得到发展。校本课程开发和实施的价值取向主要有三方面：学生个性的发展、教师专业的成长、学校特色的形成。教师在校本课程开发和实施中获益，专业素质得到很好的提高，教学观念悄然改变，教师角色也在发生深刻的变化。

一、学习课程改革理论，增强课程建设意识

课程建设能力是教师专业能力的重要标志。课程建设的过程也是教师成长的过程。课程建设实现了教师教育理念的改变、教师知识结构的重整与优化、教学手段的改革与创新，促进了教师更快更好的发展。可见，学校管理者有必要增强教师的课程建设意识，这需要从学习课程改革理论抓起。课程建设是课程改革的重要内容。课程改革为教育的发展带来新机遇，提出新挑

战。每位教师必须与时俱进，转变观念，做一个新课程的研究者，成为一名研究型教师，才能走在课程改革的前列。课程改革决不仅仅是换一套教科书，而是一场教育观念的更新、人才培养模式的改变，是一场涉及课堂教学方式、学生学习方式以及日常学校管理等全方位的变革。在这种大变革的背景下，教师必须努力学习课程改革理论，转变教育观念，增强课程建设意识，学习新的专业知识，积极参加教育科研活动，切实提高实施素质教育的能力和水平，在反思中进步，实现自己的专业发展。

（一）深化课程改革认识

只有深化课程改革认识，才能更好地增强教师课程建设的意识。任何课程改革有两个不可分割的因素，即技术因素和人的因素，其中人的因素是课程改革的关键因素。课程设计是课程改革的"技术因素"，教师是课程改革的"人的因素"。深化课程改革的关键在于教师，在于教师更新教育思想观念，树立自己的先进、科学的教育思想观念。一项重要的改革，一场重大的教育进步，如果不伴随观念上、精神上的相应变革的话，那么这项改革、这场进步就是不牢靠的。把改革推向深入最重要、最本质的问题是认识问题、观念问题。当全体教师都能树立先进、科学的教育思想观念，并自觉地转化为自己的教育行为，课程改革就可以少走弯路，走得好，走得稳，走得深。只有当课程改革真正成为教师寻求学生获得自主、全面发展新路子的需要的时候，课程改革才能成为教师的自觉、自愿行为，教师才会自觉地研究解决课程改革过程中出现的问题，从而保证课程改革的可持续性，进而推动课程建设的深化发展。

（二）提高课程改革的能力

中小学教师能不能研究解决课程改革中出现的问题，能不能驾驭课程改革，关键在于其科研能力怎么样。当前，我国中小学教师科研能力较低、水平不高，不能积极主动地对课程改革进行研究，不能自觉地研究解决课程改革中出现的问题，这已成为制约课程改革进一步深化、素质教育取得突破性进展的瓶颈。因此，中小学教育管理者应把提高教师科研能力作为当前实施课程改革的中心工作，建立健全中小学教师科研能力培养体系，让教师主动参与课程改革，投身于课程改革研究实践，加强对课程改革全过程的研究，提高教师的科研能力，这样才能研究解决课程改革过程中出现的问题，推动课程改革进一步发展。通过任务驱动，进行有针对性的培训、引领、研修，加强实践、思辨和调适，借助专家护航，增强教师参与课程改革的积极主动性、研究课程改革的自觉性，为解决课程改革过程中出现的问题寻找到对策。

二、提升课程建设品质，破解教师发展瓶颈

人都是有惰性的。随着时间的消磨，如果没有一定的生命提醒，没有相应的激励措施，这种惰性就可能不断蔓延，以致成为生命常态。对于教师来说，就会感到工作单调、生活乏味，产生职业倦怠感，职业幸福感也随之消退。有的教师因为教学工作的持久性、重复性而产生心理倦怠；有的教师随着年龄优势的不复存在、学校事务的繁杂常常感到压力；有的教师经验丰富却教学模式固化，缺乏创新。这样的教师发展瓶颈问题，是一个普遍性教育难题。究其原因，教师发展的瓶颈除了教师家庭和学校因素外，更多是由于教师的心理惰性、知识单一、思维定式造成的。要破解这样的难题，就要想方设法激励教师不断成长，让教师从专业发展瓶颈中突围，越过"高原区"，体会到职业的成就感和幸福感。在具体实践中，学校管理者可以以课程建设为抓手，破解教师发展瓶颈。此时，那些基于教材又超越教材，基于课堂又超越课堂的拓展性、综合性课程的开发能引领教师走出一片新天地。新颖的课程让教师重新规划自己的发展方向，重构知识体系，突破成长的"高原期"，获得持续不断的发展动力。①

---

① 裴云姣. 以课程建设促教师成长 [N]. 中国教师报，2019-05-08（14）.

（一）在校本课程开发中培养教师的综合能力

校本课程，即以学校为本位、由学校自己确定的课程。校本课程是既能体现各校的办学宗旨、学生的特别需要和该校的资源优势，又与国家课程、地方课程紧密结合的一种具有多样性和可选择性的课程。校本课程的开发主体是教师。校本课程的开发对教师专业的发展，最大的表现在于教师的观念转变上。开发初期，很多教师对教学任务的完成仅立足于备教材、备学生、备教法，但随着校本课程的推进，教师越来越体会到现有知识是无法适应日益变化的教学需求的。教师专业发展的最大障碍是教师缺乏知识的积淀，所以只有不断加强自主学习，丰富自己的知识内涵，才能促进自己的专业发展。新课程背景下，教师一定要积极努力积累自己各方面的知识，在研究校本教材的同时，还要阅读理论著作，关注最新的校本课程研究动态，积极与其他学科教师、校本课程研究专家进行交流；更重要的是在实践中体会、积累，从与其他优秀教师的交流中汲取知识。通过课程开发、教材编写、课程实施、反思总结等活动方式，发现问题，解决问题，促进同伴有效互助，实现经验共享，使每位教师在过程中学习，在过程中进步，逐步由一名教书匠成长为研究员。[①]

（二）在跨学科课程建设中提升教师的专业素养

在不断聚焦与推进核心素养教育的今天，学科整合将成为有效提升学生面对真实问题的判断和解决能力的关键方式之一。跨学科课程是教育领域谋求课程整合的具体行动体现。新课程理念弱化学科界限，寻求课程整合是核心素养视角下学校课程发展共同而突出的主题。核心素养导向下跨学科课程的建设不同于传统地将跨学科课程视为一种课程形态或组织方式，而是从思

[①] 刘宏业. 实现角色转换 促进教师专业成长 [J]. 江苏教育学院学报（社会科学版），2011（7）：25.

维方式变革的角度整体思考跨学科课程。① 由此可见，跨学科课程建设对教师的专业素养提出更高的要求，而利用跨学科课程建设提升教师的专业素养显得尤为重要。跨学科课程建设让教师重新梳理了教材体系，对标课程涉及的知识点进行大胆融合，合理安排教学课时，突破了原有的教学模式。跨学科课程建设让教师不再拘泥于单一的学科思维，在教学时间上突破"1＋1＜2"的弊端，教学效率上发挥"1＋1＞2"的效果。同时，融合课程的开发迫使教师不仅关注自己的专业领域，还要关注专业之外的知识领域，教师的专业知识得以加深、专业素养得到提升。②

综上所述，课题研究、课堂改革和课程建设是促进教师专业化高水平发展的三大"法宝"，是推进研究型教师队伍建设的有力举措，也是推动基础教育高质量发展的重要抓手。这"三课"活动的开展，对教师的理念转型是最有效的促进。当教师自我成长的意识真正被唤醒，当学校形成"教师即研究者"的共识，那么研究型教师队伍校本建设就跨上了一个新台阶，学校的内涵发展和品牌发展就进入了一个新阶段。

---

① 陈琳. 跨学科课程体系建设的学校实践模型 [J]. 上海课程教学研究，2021（12）：6.
② 裴云姣. 以课程建设促教师成长 [N]. 中国教师报，2019-05-08（14）.

第五章 基于研究型教师队伍校本建设的学校转型

随着教育现代化进程的推进，学校转型发展已成为一个必然趋势。由于我国区域经济社会发展不均衡，导致区域教育发展存在差异，义务教育学校之间的办学质量和发展水平有较大差距，特别是城乡义务教育学校发展差距明显，因而存在所谓的薄弱学校、优质学校和品牌学校则不难理解。在今天，适合的教育才是最好的教育。"为每个学生提供适合的教育"是一种新的教育理念，它正在成为学校教育改革的价值追求。这一教育理念为学校教育的价值选择和转型发展提供了方向与动力。① 因此，不管是薄弱学校还是优质学校，或是品牌学校，都要努力寻求转型发展，办适合的教育。那么，基于研究型教师队伍校本建设，薄弱学校、优质学校和品牌学校三类学校如何实现转型发展呢？我们分别以广东省雷州市唐家镇中心小学、广东省广州市天河区体育西路小学和广东省湛江市第二十九小学三所学校为例，对薄弱学校内涵发展、优质学校创新发展和品牌学校卓越发展的经验及成效进行阐析。

第一节　研究型教师队伍建设与薄弱学校内涵发展
——以广东省雷州市唐家镇中心小学为例②

学校内涵发展已成为我国基础教育管理领域的新热点，成为广大中小学校深化基础教育课程改革、落实素质教育目标的新抓手。"内涵"与"外延"是同一范畴的两个方面。内涵是指一个概念所反映的事物的本质属性的总和，即概念的内容，是事物质的方面，它回答"是什么"和"怎么样"的问题；而外延指一个概念所能包含的范围，是概念的形式和数量，是事物量的方面，回答"有什么"和"有多少"的问题。可以说，内涵与外延是内容与形式、

---

① 程晋宽. 学校转型：从"流水线"到"个性定制"[N]. 中国教育报，2017-06-07(5).

② 广东省雷州市唐家镇中心小学宋鹏校长对本节内容有贡献，提供了案例材料。

本质与表象的关系。内涵发展是发生在事物内部的、本质上的渐进的上升运动。它以事物的内部因素作为动力和资源，以事物内在属性的发展为衡量标准。① 学校内涵发展是指学校以提高教育质量和办学水平等"软实力"为发展目标，遵循教育规律，激发各教育主体的活力，实现学校内生发展，为每一个学生提供适合的、优质的教育，从而满足百姓优质教育需求的发展模式。② 学校内涵发展的最终目的是促进学生的"全面而有个性地发展"。每一位办学者都希望自己的学校能够达到内涵发展的高度，能够实现真正触及教育核心的发展。然而，作为一所薄弱学校，如何实现内涵发展？这个问题值得深思。对此，作为粤西地区欠发达地区的乡镇薄弱学校，广东省雷州市唐家镇中心小学以"幸福教育"作为落脚点，在"学校内涵发展"上进行创新探索，取得了一定的成效。

一、薄弱学校内涵发展的理念定位

当前一些学校的外延发展注重规模的扩张、设施设备的更新以及过度集团化的办学，这些表现都是为了适应外部发展的需求而产生的外形扩张。发展是从低层次到高层次的。外延发展是低层次的发展，更是粗放式的发展。它固然存在于学校发展的初始阶段，并在一定程度上起到了巩固学校办学效果的作用；但是我们不能只注重学校规模上的、数量上的变化，更不能以功利化的视角来审视学校外围形式的演变，而更应触及学校发展的本质。作为学校内在的、本质上的发展，内涵发展应当呼应学生"全面而有个性地发展"的诉求，这样更能符合当代社会对学校优质教育的需求。学校内涵发展作为

---

① 冯骏，陈建华. 学校内涵发展的意蕴与路径探析［J］. 教育科学研究，2016（6）：23-24.

② 陆云泉. 学校内涵发展的特点及推进策略——基于系统理论的分析视角［J］. 首都师范大学学报（社会科学版），2018（5）：172.

学校发展的高级阶段，更多是出于学校内在的需求，是一种精细化的发展。[①]在学校内涵发展上，雷州市唐家镇中心小学紧紧抓住"幸福教育"的理念定位，在实践着、创新着，也在收获着。

（一）薄弱学校内涵发展业绩

广东省雷州市唐家镇中心小学创办于 1937 年，前身为书塾。现有学生 985 人，19 个教学班，教职工 60 人。学校拥有足球场、排球场各一个，篮球场 2 个。多媒体教室、计算机室、音舞室、美术室、队部室、图书阅览室、科学室、随班就读室、心理咨询室、体育室、医务室、仪器室等配套齐全。

2020 年 9 月，宋鹏校长因工作需要调到雷州市唐家镇中心小学。面对这所校容校貌陈旧、教师素质良莠不齐的乡镇薄弱学校，宋鹏校长没有气馁，而是满怀着干事创业的激情，坚守"幸福"的初心，带领着全校教师以"拓荒牛"的姿态，辛勤耕耘，艰苦奋斗。宋鹏校长勇于担当，敢于求变，完善学校管理制度，大抓校园文化建设，深耕教学教研领域，打造德育工作特色，让学校在短短三年间脱胎换骨、焕发活力，一幅"幸福教育"的理想景象呼之欲出。

如今，雷州市唐家镇中心小学师资队伍初具实力，有副高级教师 5 位，广东省"百千万小学名校长培养对象"1 位，湛江市名师工作室主持人 1 位，雷州市名教师培养对象 3 位。近年来，学校被评为"广东省足球特色学校""广东省绿色校园""广东省校本研修示范培育学校""湛江市规范化学校""雷州市德育示范学校""雷州市文明学校"；2021 年、2022 年连续两年被评为"雷州市教学质量先进单位"。学校重视教育科研工作，现有省级立项课题 2 项、市级立项课题 2 项。近三年以来，教师获得市级以上荣誉达 50 多人次，其中学生获得市级以上荣誉达 100 多人次。

[①] 冯骏，陈建华. 学校内涵发展的意蕴与路径探析 [J]. 教育科学研究，2016（6）：23-24.

（二）薄弱学校内涵发展理念

在宋鹏校长的引领下，雷州市唐家镇中心小学提出了"办幸福教育"的美好愿景，"幸福教育"也就作为了这所薄弱学校内涵发展的核心理念。宋鹏校长在雷州市唐家镇中心小学践行"幸福教育"，首先从办学理念和"一训三风"上进行精心架构。雷州市唐家镇中心小学办学理念是"为学生的幸福人生奠定基础"；校训是"幸福别人，成就自己"；校风是"幸福耕耘，共享成长"；教风是"幸福工作，悦纳得失"；学风是"幸福成长，多元发展"。

"幸福"是人们所追求的生活的理想状态，"幸福"是人类生活的永恒情结，追求幸福是推动人类发展的原动力。教育应为"未来的生活"做准备，为学生的幸福人生奠基；因而朝向"教育幸福"、打造"幸福教育"，成为理想教育的应然样态。反观当代教育实践，即使不是在故意漠视个体幸福，也往往深陷于有悖个体幸福的重重矛盾之中。[1] 因此，"幸福教育"实践研究既体现了对教育现实的理性审视，也表现了教育者对教育理想的不懈追寻。

在宋鹏校长的"幸福教育"思想建构中，幸福教育就是追求教育的原生态，以课程为核心，通过教师幸福地"教"和孩子们幸福地"学"，将教育目的和本质回归到人的自身，让学校溢满幸福的笑脸和笑声，让每一位老师拥有幸福的生活，让每一个孩子拥有幸福童年和幸福人生。"幸福教育"就是通过幸福教师的创造，去培育学生拥有幸福人生而需要的幸福观、幸福品质和获得幸福能力的教育。构建"幸福教育"体系，一方面让全体教师拥有物质的、精神的和心灵的幸福生活；一方面让每一个孩子拥有幸福童年，进而拥有幸福人生。

---

[1] 方红，王帅. 论关涉个体幸福的教育重构[J]. 教育学术月刊，2008（1）：12-15.

二、基于薄弱学校内涵发展的研究型教师队伍建设实践

教师作为学校教育的核心要素,其专业发展是学校内涵发展的重要组成部分。一所学校的内涵发展的程度,除了在学生的核心素养中得以体现之外,从该校教师的专业发展中也可见一斑。因此,一名优秀的办学者必定会将教师队伍视为学校内涵发展的坚实基础和重要载体,并整合调动一切资源带领教师在专业化发展的道路上不断前行,以便更好地促进学校的内涵发展。[①]雷州市唐家镇中心小学秉持"幸福别人,成就自己"的教育理念,以"造就幸福教师"为目标,以校本研修为抓手,加强校本培养,着力铸造一支锐意进取、团结协作、教研氛围浓厚的和谐幸福的研究型教师队伍,助推学校走上新时代内涵发展之路。

(一)健全机构,完善管理

雷州市唐家镇中心小学高度重视校本研修工作,组成了以校长为组长、常务副校长为副组长、教导主任和骨干教师为成员的校本研修工作领导小组,明确校长是校本研修第一责任人,主持领导学校校本研修培训工作,校本研修工作归属教导处主管。学校制定了《唐家镇中心小学校本研修培训学习制度》《唐家镇中心小学校本研修培训考勤制度》《唐家镇中心小学校本研修培训考核奖惩办法》,确立了《唐家镇中心小学校本研修培训方案》,每学年制定了详细的工作计划,并有阶段性和专题总结。针对校本培训,学校制定切实可行的管理办法。首先时间上给予充分保证,规定每周一次学科组教研活动,要求做到有主题、有计划、有阶段性成果,活动时间在两课时以上;定

---

① 冯骏,陈建华. 学校内涵发展的意蕴与路径探析[J]. 教育科学研究,2016(6):25.

期组织全校性学习活动，校长亲自主持，并严格考勤和奖惩制度，跟期末评优、绩效等挂钩；其次活动规律化，为每位教师建立继续教育档案，做到内容规范、登记准确。

（二）丰富资源，幸福保障

为了教师们的成长培养，学校从财力、物力、人力等方面提供了全方位的保障。学校确保教师培训经费充足划拨，年度校本培训经费基本达到生均经费的10%，设立校本培训成果奖励经费。学校将大会议室改造为多功能室，为校本研修培训和研修成果展示提供固定的场所及现代化的设备设施。2021年底，学校为每一位教师订阅了教育报刊，征订各种培训用书、音像资料等，及时向教师提供培训教材。充分利用网络资源，实现了所有教室多媒体网络教学，积累了用于校本培训的案例，逐步形成了各学科的案例库。学校将一间闲置教室改为"教工幸福书吧"，为教师提供一个静心阅读、分享交流、休闲放松的场所。学校还聘请岭南师范学院谭荣波教授、湛江市教育局教研室原教研员邱一红老师（已退休）、广东省名师工作室原主持人潘唯女老师等为指导专家，在高校教授、市资深教研员和省名师的悉心帮助和指导下，学校的校本研修工作提升了一个层次。学校还与湛江市第二十八中学、湛江市第八小学、湛江市麻章区第三小学等学校结成了学习共同体，利用优势资源提高教师素养。

（三）青蓝工程，幸福成长

青年教师是教育工作的中坚力量、主力军。因此，学校一直重视"青蓝工程"建设，重视抓好新教师、年轻教师的培训工作，以便青年教师能尽快地成长起来。一是新人培训。2021年学校新入职教师11位，学校对他们进行岗前培训，以便他们能快速地适应教师岗位；并与岭南师范学院联系，经雷州市教育局和雷州市教师发展中心批准，11位新入职教师全部参加由岭南师范学院承办的"世行贷款项目农村小学全科教师培训"。二是师徒结对。师徒结对是学校一贯以来的做法，安排骨干教师和老教师担任师傅、年轻教师和新教师担任徒弟，师傅对徒弟进行课堂教学、班级管理等方面的指导。师傅倾其所有，无私付出，手把手带徒弟；徒弟谦虚好学，紧紧跟随。通过这种形式，年轻教师和新教师快速成长起来；三是拜师学艺。号召新教师主动向老教师学艺，多听课，多取经，多学习。

（四）学习交流，幸福研修

"请进来，走出去"是学校进行校本研修的主要举措。学校采取讲座、开专题培训班等方式，邀请专家进校诊断指导，同时外派教师到名校学习交流。近二年来，在"请进来"方面，学校邀请了广东省教育厅信息技术装备中心梁春晓老师、广州市名教师吴茂娟老师、湛江市第八小学吴彩凤校长及其教研团队、雷州市教育局教研室教研员莫岸冰、湛江市资深语文教研员邱一红老师、雷州市名师培养对象苏月霞老师等专家名师莅临学校，做专题讲座、优课示范、教研指导等。在"走出去"方面，宋鹏校长受邀到深圳市龙华区第二实验学校上课；肖春江常务副校长、李丽华副校长、符华玉老师等到湛江市第十四小学学习交流；数学、英语骨干教师到广州市华阳小学学习交流；语文骨干教师到广州市天河区第一小学、广州市天府路小学、东莞松山湖第二小学学习交流；学校校本研修核心团队前往华南师范大学参加校本研修示范学校培训学习；全镇校长和一批骨干教师参加"广东长江公益'苔花开'乡村教师成长计划培训"，培训分为乡村校长领航计划、乡村美育教师成长计划和乡村美育教研培训计划三个阶段。当今的网络时代使"引进来"和"走出去"成为最廉价的学习活动。学校想方设法鼓励教师们从网络上"引进来"，也从网络上"走出去"，采取有效措施激励教师自觉参加网络学习，不断提高教师专业水平。

（五）聚焦课改，幸福课堂

教学质量的提升关键在于课堂教学效果的提高；而要向 40 分钟要效益，

最有效的途径是进行课堂教学改革，优化教学模式。在新课程改革背景下，学校聚焦"幸福课堂"教学改革，扎实地开展好形式多样的教研活动。每学年，每位老师至少上一次公开课，新教师则要上一次展示课。每次公开课或展示课，全组老师参与听课、评课并认真做好记录。同时，老教师还积极主动为新教师上示范课。此外，学校积极搭建课堂教学竞赛的成长平台，进一步激发教师们的课改热情。2021年3月至4月，学校组织全镇教师进行教师基本功比赛；2021年9月至10月，在"双减"背景下，基于研训一体，学校组织了全镇语文、数学、英语三个科目"聚焦'双减'，提质增效'同课异构'教学比赛"，并取得了良好的效果。通过大赛磨炼，多位年轻教师脱颖而出。学校积极为外派上公开课的教师反复磨课，在集体智慧的帮助下，钟丽娟、陈徐奋、吴小江等多名教师参加县、市的各类赛课比赛活动，取得了优秀的成绩。

（六）科研引领，幸福提升

近年来，学校高度重视做好教育科研工作，坚持以课题研究为载体，促进教学改革创新，同时促进教师教学能力和科研水平的提升。宋鹏校长主持的广东省教育科学"十三五"规划课题"基于项目式学习的农村小学情境体验式作文研究"、广东省"百千万人才培养工程"专项课题"基于项目式学习的农村小学课程综合化实践研究"、钟丽娟老师主持的市级规划课题"基于项目式学习的农村小学单元整体教学策略研究"顺利开题。每个课题组成员都积极参与每一次的研究活动，边实践，边总结，边反思，边提升，做到有始有终。通过教育科研的扎实开展，学校提高了教师们的专业能力，加快了教师专业化发展的进程。

三、研究型教师队伍建设与薄弱学校内涵发展的启示

从雷州市唐家镇中心小学的办学实践中,我们获得关于研究型教师队伍建设与薄弱学校内涵发展的三点启示。

(一)全面加强教师培养是薄弱学校内涵发展的出路

教师能力的发展与课程建设、学生素质提升等学校方方面面的工作息息相关,只有教师的发展才能带动学生的发展,学校才会有质的提升。随着现代教育改革的推进,教师专业发展已逐渐被视为教育改革的核心要素,是学校与教学革新的心脏。一言蔽之,教师强,则学校强。薄弱学校内涵发展的出路在哪儿?我们认为,最重要的一条就是全面加强教师培养。雷州市唐家镇中心小学就是一所乡村薄弱学校,但该校学校领导想方设法对教师加强校本培养,促进教师加快专业发展,使学校开辟出了一条"幸福教育"的内涵发展之路。当前,我国绝大多数薄弱学校是乡村学校,而乡村学校的最大困境就在于优秀教师的缺失。教育高质量发展的关键在师资,难点在乡村教育。发展乡村教育、培养乡村教师是推进教育现代化的关键之一。乡村振兴,不可缺少乡村教育振兴。从雷州市唐家镇中心小学的办学实践中,我们也可以看到:乡村薄弱学校内涵发展的出路就在于全面加强乡村教师培养,乡村教育振兴的希望就在于全面加强乡村教师培养。

(二)落实校本研修机制是薄弱学校内涵发展的关键

校本研修是在一个教育改革时期,能够使教师成长、学校变化、教育改革获得相关成效的一条捷径。抓好校本研修是学校内涵发展的必由之路,落实校本研修机制是薄弱学校内涵发展的关键所在,建立健全校本研修制度,

让教师在工作中做到心中有标，有规可依，有章可循，使教学教研工作变得有序，教师的校本研修成了自觉行为，达到了以制度管理人、激励人的目的，进而产生了良好的管理效益。但是，仅有制度是不够的，良好的制度只有落到实处才有成效。对此，雷州市唐家镇中心小学的学校领导深谙此道，不仅建立健全了各项校本研修规章制度，而且大抓落实，扎实组织开展各项校本研修活动，让每位教师获得培训学习的"福利"，有效提高了专业能力。该校注重打造校本研修核心团队，在工作中明确分工，各司其职，各负其责，形成"校长—副校长—主任—组长—教师"的学校管理网络，有效地落实了校长责任制、分级目标管理制和校本研修制度，大大地提高了管理成效。

（三）打造科研教师团队是薄弱学校内涵发展的根本

科研的内涵在于学校和教育者在教育的过程中不断探索、研究和创新，在原有知识的基础上发展新知识，形成新体系。科研有利于促进教育者专业知识水平的提升，促进教育质量的提升。科研兴，则学校兴。科研兴校，是科教兴国战略对中小学校的必然要求。科研兴校是教育体制发展的未来趋势，是提升学校和教师内驱力的战略思想，是提升学校办学水平和办学质量的管理策略。所以，一个高质量的学校，要努力运用科研手段，加强学校精神建设和内涵发展。培养教师的"科研力"，打造科研型教师团队，是实现科研兴校的应有之义，是促进薄弱学校内涵发展的根本。雷州市唐家镇中心小学宋鹏校长高度重视教育科研工作，两年间就获得两个省级课题和两个市级课题立项，一改学校落后的科研面貌，适应了教育改革发展的新形势。通过扎实推进课题研究活动，雷州市唐家镇中心小学有效地提升了教师的科研能力和教学水平，打造了一支科研教师团队，最终使学校跨上了内涵发展的新台阶。

第二节　研究型教师队伍建设与优质学校创新发展

——以广东省广州市天河区体育西路小学为例①

优质学校具有高质量教育水平，并且能够充分认识自己的位置和前进方向，能将学校的潜力不断转化为显性进步和自身能量。优质学校不仅在于高质量的结果，还在于不断地、有效前进的过程。当今时代，人民群众无不希望自己的子女进入到优质学校，享受到优质教育。从"有学上"到"上好学"的转变，使"优质教育"成为当下基础教育的共同价值期冀，而优质教育一定是由优质学校提供的。可以说，要办好人民满意的教育，就要办好优质学校。我们相信，只要充分认识自己的位置，明确并坚持改革的方向，采取有效的学校变革策略，每一所学校就都有可能成为优质学校。创新已成为新时代的主旋律，创新发展是国家"五大发展理念"之一，并居于首要位置。教育现代化的推进，必然要求义务教育学校走上创新发展之路；优质学校创新发展更要一马当先，发挥引领作用和示范效应。作为一所义务教育优质学校，如何基于研究型教师队伍建设而实现创新发展？对此，作为一所一线大城市的优质学校，广东省广州市天河区体育西路小学以新课改先进理念为引领，以科技创新教育为抓手，注重指向学生核心素养发展的教研活动，加强研究型、创新型教师队伍建设，成就教师，也成就学生，获得良好的办学成效。

---

① 广东省广州市天河区体育西路小学林雁校长和石曹薇副校长对本节内容有贡献，提供了案例材料。

一、优质学校创新发展的理念定位

优质学校是理念先进、绩效显著、业绩一流、勇于创新、持续发展的现代学校。时代呼唤创新发展，优质学校需要创新发展，优质学校创新发展是全面推进教育现代化的战略举措。优质学校创新发展的理念定位应是与时俱进的，紧扣新时代节拍，聚焦新课程改革，重视科技创新教育，培养具有创新精神的全面发展的学生。在学校创新发展上，作为优质学校的广州市天河区体育西路小学立足于区域文化、学校传统和教育前沿这三大文化根基，关注师生在校园的生活质量和幸福指数，提出了"六韵教育"的理念，努力创建兼具传统文化内涵与现代创新气息的特色校园，走出了一条高质量办学之路。

（一）优质学校创新发展业绩

广州市天河区体育西路小学是一所创办于1991年的公办小学，坐落于广州市中轴线上，地处体育中心区段，占地面积10117平方米。学校现有东、西两个校区，共有41个教学班、1658名学生和100名教师；其中广州市百千万名教师培养对象2名，广州市骨干教师7人，天河区骨干教师7人，天河区名校长1名，教师本科以上学历100%。

广州市天河区体育西路小学校园文化氛围浓郁，环境安静优美，教学设备设施齐全先进。拥有多功能综合电教室、运动场、少先队部室、电脑室、语音室、书画室、音乐室、舞蹈室、科学实验室、科趣园、图书室、卫生室等较完善的专用场室。学校秉承"向上，向高，向远"的校训，形成了"科技教育"的办学特色，构建了童眼看世界、童心习经典、STEM+系列等具有科学性、开放性的多元校本课程，致力于培养"心美、品善、行敏"的体西学子。

广州市天河区体育西路小学开办 31 年以来，历任校长以创建办学特色为切入点，以品牌建设为主线，团结和带领全体教师积极实施素质教育，为学校的现代化建设作出了艰辛的探索与努力，结下了丰硕的果实。体育西路小学的办学水平一直位于天河区前列，教育教学质量受到社会各届广泛认可。

近几年来，广州市天河区体育西路小学教师主持各级课题研究 20 多项，参加各级教学比赛获奖 100 多项；该校的科技教育创新成果令人瞩目，学生获得各级科技创新比赛 150 多项。学校先后荣获全国科学体验示范学校、全国青少年校园足球特色学校、广东省信息技术实验学校、广东省中小学教师信息技术应用能力提升工程示范校、广州市深入推进 STEM 课程实施试点学校等称号。

（二）优质学校创新发展理念

广州市天河区体育西路小学所处区段是广州市区经济政治文化中心，是时尚前卫的标杆。1987 年第六届全国运动会、2010 年广州亚运会于学校所在区域顺利举办。乘着运动会的东风，学校区位优势凸显，散发出青春活力。"六运精神"至今影响着众多体西人，成为体育西路小学建设学校文化的重要路径。基于此，林雁校长提出了"六韵教育"这一教育主张。"六韵教育"是以六运会精神为学校文化的载体与起点而提出来的学校文化品牌。"韵"是精气神的高度凝聚，"六韵"即六运会精神的高度凝聚，"六韵教育"是将"六运精神"的精髓融于教育之中。

结合"六韵教育"的理念与品牌，广州市天河区体育西路小学确立了"注重全面发展，彰显个性特长"的办学目标，提出了美好的"学校愿景"：通过大家的努力，把体育西路小学建设成师生心美、品善、行敏的成长乐园。在这一"学校愿景"下，体育西路小学提出了这样的学校使命：开发丰富而有序的校本课程，构建全面而有机统一的课程体系；开展"教—学—评"一致性的课堂教学，实现教与学方式的变革；健全教研、培训和激励制度，培养专业精湛的教师队伍；完善校园设施、校规校纪，建设以"心美、品善、行敏"为核心的校园文化。

在"毕业生形象"的塑造上，广州市天河区体育西路小学甚是用心，立足于培养德智体美劳全面发展的社会主义建设者和接班人，结合学校愿景，广泛征集学生、教师、家长和社区意见，在全体教师和家委讨论协商的基础上，拟定毕业生形象内涵为"心美、品善、行敏"。心美，即爱国爱党，有志有识，尽心尽力尽责任；品善，即阳光自信，真诚善良，有勇有为有毅力；行敏，即悦己爱人，团结合作，好奇好问好探究。

在教育高质量发展的时代背景下，广州市天河区体育西路小学以"六韵教育"为引领，与时俱进地在教育创新方面下功夫，特别是在课堂创新、课程创新、研训创新等方面发力，加强创新型、研究型教师培养，促进研究型教师队伍建设，从而推动学校创新发展，培养出具有新时代创新精神的学子。

二、基于优质学校创新发展的研究型教师队伍建设实践

优质学校创新发展的一个重要指标，就是教师创新发展，特别是骨干教师创新发展。研究型教师队伍建设，则是实现教师创新发展的关键之举。在基于优质学校创新发展的研究型教师队伍建设上，广州市天河区体育西路小学主要是根据本校办学实际情况和区域教育改革创新精神，以学生的全面发展为导向探索课堂改革、课程建设、学科研修等，突出科技创新教育特色，以求促使教师的教育教学理念更新、教育教学方法创新、教育教学研究创新等，促进教师高水平的专业发展。

（一）加强专家引领，确保理念先行

近年来，广州市天河区体育西路小学注重贯彻落实新课改精神，加强专家引领，更新教师教育理念，确保理念先行。为深入理解有关"双减""双新"等课改的文件精神，该校组织教师积极参加华东师范大学崔允漷教授的在线讲座《义务教育新课标深度解读》等专题学习。为了进一步推进"天河

区基础教育课程与教学质量提升项目"，该校除了分几批选派学科骨干教师参加华东师范大学团队指导的单元学历案研修活动和学期课程纲要撰写外，还邀请了天河区教师发展中心的陈伟红主任、天河区英语研训员李利锋老师到校亲自指导学科教师进行单元学历案的设计与课堂实施。为了提高教师跨学科教学实践能力，该校邀请了天河区研训员雷晓辉到校进行STEM理念下的课程设计指导和陈燕老师到校指导英语学科的STEM融入课堂实施。为了树立正确的作业观，该校组织全体教师参加上海教育专家王月芬教授有关作业设计的线上讲座等活动，还邀请了省特级教师孔珍老师作题为《小学学科多元作业的创新与实践》讲座。专家的引领，帮助教师们进一步更新教育观念，坚定课改信念，提高整体素质。

（二）搭建成长平台，培养骨干力量

广州市天河区体育西路小学采取"青蓝工程""骨干带培"等教师培养机制，通过"建梯队"和"压担子"的方式，充分发挥骨干教师"传、帮、带"的作用，使谢婉珠、傅锐、邱炳泉、张斯思、莫苑莹等一批新老师快速成长，其中傅锐和邱炳泉老师初次在天河区数学教研活动上公开课、谢婉珠在天河区英语教研活动中上复习课例、莫苑莹老师在天河区科学教研活动中两次承担科学专题讲座主讲，均受到教研员和同行们的一致好评。同时，学校通过开展单元学历案评比、"六韵杯"青年教师教学基本功大赛等各类教学大比武，为教师的专业成长搭建舞台，促进研究型教师队伍建设，进而培养一批业务精湛的研究型教学骨干力量。2021年，各学科通过层层筛选的优秀单元学历案，按区的比例推送到区参评的10个单元学历案中，有6个获得区一、二、三等奖，一等奖1个，二等奖4个，三等奖1个，获奖率达60%；在第二届"六韵杯"体西青年教师基本功比赛中，共有47名教师参赛，通过学科教学技能比赛和课堂教学比赛的角逐，评出一等奖5名，二等奖9名，三等奖14名，优胜奖16名。同时，各学科推荐15名优秀选手参加天河区第十五届青基赛决赛。

（三）加强学科研修，共研习同成长

扎实的学科研修，是有效提升教师专业能力的关键。学校应当重视教研组的共同体建设，搭建平台，营造氛围，让教师们共同学习，共同研究，共同成长。在这方面，广州市天河区体育西路小学通过有针对性地开展阅读分享会、"三人行"学历案研讨等学科研修活动，努力提升了教师们的理论素养、研究水平和教学能力。

1. 开展阅读分享会。近年来，学校各学科教研组都会定期利用教研活动时间围绕新课改、学历案、教学评价等书籍开展阅读分享会，人人参与，畅所欲言，让所思所言在交流中碰撞出智慧的火花。通过阅读分享交流，教师们认识到要进行课改，就要先转变自己的教学观念，实现从关注"教"到关注"学"的转变。"教—学—评"一致性的课堂教学让教师成为学习督促者，把"教"的课堂变为"学"的课堂，强调了教师的助学功能、学习的检测者和课程的开发者，重构了教师的地位，从而促进了课堂改革。同时，通过网络推文、线上活动讲座等各种形式开展政策文件、专业书籍、非专业书籍等学习交流活动，把握方向，提升专业能力，拓宽视野，充实丰富精神生活。

2. 开展"三人行"学历案研讨。教导处认真抓好各学科教研工作，主要体现课标导向、学生立场、教学评一致性等理念，围绕单元学历案、作业设计、过程性评价等研究主题，以"三人行"团队集备和研究为主要模式。其中，对于单元学历案，每个学科的每个年级围绕主要内容介绍、单元教学目标、教学思路及策略、分课时学历案设计等内容深入集备研讨，再以团队形式在科组中进行交流汇报。2021年，在参加华东师范大学项目的单元学历案研修活动中，学校提交的英语学科单元学历案在17所种子学校中脱颖而出；作为四所现场汇报的学校之一，学校的黄慧老师代表学校作了题为《因需而生，大任务引领——Module 2 Daily routine 单元学历案》分享汇报，受到与会专家和领导的高度赞许。2022年5月，学校邀请了帮扶结对的贵州两所学校及湛江第二十九小学的老师们在线参加"整体认知·聚焦单元学历案教学设计"研讨活动，由数学科邹雁冰老师代表四年级做单元学历案的分享和互动，陈伟红主任现场为教师答疑解惑及做专题讲座。陈伟红主任充分肯定学校在学历案研究和实施方面付出的努力，并取得了一定的成效。

（四）推进STEM研究，促进课改落地

STEM，即科学（Science）、技术（Technology）、工程（Engineering）、数学（Mathematics）。STEM教育就是科学、技术、工程、数学的教育。在国家实力的比较中，获得STEM学位的人数成为一个重要指标。具有奉献精神的高素质师资队伍是确保学生接受高质量STEM教育的核心因素。近年来，广州市天河区体育西路小学以"科技教育"为特色，持续推进STEM教育研究，重点打造STEM｜系列特色校本课程，以此促进学生个性发展，同时促进教师创新发展。

1. 确定主题。各年级分别围绕"STEM＋交通运输"主题开展了系列活动，即一、二年级研究方向为"空运"，三、四年级研究方向为"陆运"，五、六年级研究方向为"海运"。旨在运用STEM教育理念让学生了解、认识交通运输在丝绸之路的重要性及其在世界的演变和发展，增强学生民族自信和激发学习兴趣的同时，进一步发挥学生的主体性，培养学生的合作意识、创新意识、问题解决能力等核心素养，实现学生思维品质的提升。

2. 开展集备。各年级课程实施采用"主题确立—方案设计—活动实施—交流研讨—阶段展示—活动评价"的模式进行集体备课。教师们在每个课程开展前一周就通过集体备课的方式制定一周学习内容。包括撰写学历案、制作学生学习单、搜集网络素材制作PPT、搜集教学视频并进行整合。各年级还对所有资源进行整理并汇总到学校资源文件夹，以便于下学期更好地开展教学工作。

3. 展示交流。最后，通过开展全校性的年级中段展示交流会和期末成果总结分享会的形式进行成果的提炼和推广。期末分享会中，一年级的《放飞梦想，思维起航》、二年级的《"箭"入佳境》、三年级的《理想汽车》、四年级的《茶马"新"道》、五年级的《海上之路的千年繁华》、六年级的《能发射的火箭》，丰富的主题学习点燃了学生的探究热情，多元的成果展示凝聚了

团队的力量。通过交流展示，彼此观摩，以提高师生对 STEM＋校本课程的认知水平，从而使 STEM 课程向优质化、品质化发展，让体西的孩子们因此更加受益。

4. 学科融合。近年来，继续探索 STEM 与学科的深度融合。特别是英语学科在这方面的研究更为深入，通过近年来的尝试，让核心素养落地，让深度学习真正发生。李瑞玲老师在三（3）班进行英语学科（三下 Module 1 Colours）与校本 STEM 课程（交通工具）主题融合的公开课"Colours in Transportation"展示。课例通过欣赏蒙德里安的作品、混色小实验、模仿设计交通工具等活动，不仅加深了学生对相关颜色类英语单词的理解，提高了学生的语言运用能力，还提高了学生的观察能力、审美能力、创造能力等，教学目标基本达成。谭华老师就《当英语遇上绘画——STEM 理念下的小学英语课程》进行单元主题分析。萧玉婷老师就五年级 STEM 课例"What do the beans like to drink?"进行说课及《五年级英语学科与 STEM 融合效果汇报》。基于 STEM 理念的英语绘本教学，丰富了学生感受知识的途径，拓宽了学生获取知识的接触面，提升了学生与知识的融合度，最终引领学生向着知行合一的目标迈进。

（五）举办学科节，培养核心素养

教研组是教师专业能力增进的重要舞台，更是发挥学科教师团队智慧的研究共同体。各学科教研组最令人称道的活动开展，应是成就教师的同时，也成就学生。因此，学校有必要创设条件，激发各学科教研组的团队智慧，开展丰富多彩的学科创新活动，让学生在教师的指导下绽放别样光彩，让教师在学生的成功里收获职业幸福。为了营造良好的学习氛围，活跃和丰富校园文化生活，激发学生热爱学习、勤于思考、勇于探究的精神，广州市天河区体育西路小学于 2022 年 5 月 16 日至 6 月 4 日面向全校学生开展了为期三周的第二届"六韵杯"学科节。从各学科方案的制定、海报的设计、比赛的组织和评选再到新闻稿的撰写以及各学科利用午会时间进行学科节的总结，都体现了学科教师团队的力量和高度的凝聚力。学生们在语文活动周的诵经典、画经典活动中丰富知识、陶冶情操，传承和弘扬中华优秀传统文化。在数学活动周中，老师带领学生们在趣味游戏和创意设计活动中品尝攻克难关的快乐，体验成功的喜悦和增强学好数学的信心。英语活动周为每个同学提供自信表达、大方演绎的平台，让大家充分体验应用英语的成就和乐趣。本次"六韵杯"学科活动节，每个学科都有一千多人次获奖，获奖人数之多，作品质量之高，凝聚着体西教师的智慧、展示出体西学生的风采。

三、研究型教师队伍建设与优质学校创新发展的启示

从广州市天河区体育西路小学的办学实践中，我们获得关于研究型教师队伍建设与优质学校创新发展的三点启示。

（一）更新教师教育理念是优质学校创新发展的重要前提

教育理念，即关于教育方法的观念，是教育主体在教学实践及教育思维活动中形成的对"教育应然"的理性认识和主观要求，包括教育宗旨、教育使命、教育目的、教育理想、教育目标、教育要求、教育原则等内容。只有树立先进的教育理念，才能适应新时代教育改革发展的需要，为全面推进教育现代化奠定坚实的基础。当全体教师都能树立先进的教育理念，并自觉地转化为自己的教育行为，学校的教育教学改革才可以少走弯路，走得好，走得稳，走得深；而学校的创新发展也才有可靠的保障，教育高质量发展才有望实现。广州市天河区体育西路小学积极通过专家讲座、阅读分享、研训学习等方式，更新了教师的教育理念，开拓了教师的知识视野，提高了教师的理论素养，激发了教师参与课改的积极性，促进教师不断进取，由此促进了学校创新发展。

（二）深化特色校本课程建设研究是研究型教师培养的助推器

一所学校，课程建构与实施水平代表了它的教育水准。观念的落实要依托课程，课程也是学生发展的土壤，什么样的课程培养什么样的人。[①] 当前仍有不少教师认为，课程的开发和建设是专家和领导的事。其实从某种意义上讲，教师才是课程建设的关键，教师应该成为"课程人"。校本课程是国家课程、地方课程的有益补充，它更贴近学生的学习生活实际，更有利于学生的发展，同时校本课程建设也对教师专业化成长产生了很大的促进作用。对于研究型教师培养而言，深化特色校本课程建设研究正是一个有力的助推器。广州市天河区体育西路小学几年来持续推进STEM校本课程建设研究，打造了特色校本课程品牌，造就了一批能力强、情怀浓、有创新精神的骨干教师，促进了研究型教师队伍的建设。

（三）研究型教师队伍建设是优质学校创新发展的有力保障

一所学校有没有活力，有没有向上的力量，有没有创新力和竞争力，教师是关键。那么，教师的力量从什么地方来呢？从教师的发展中来。教师发展是提高教育质量的关键，是学生发展的根本保障。教师走向专业发展不仅是一个理念，还是一个进程。教师的专业自主发展对教师和学生的成长具有重要意义。加强研究型教师队伍建设，能够有效促进教师高质量发展，促进优质学校创新发展。由于客观因素使然，广州市天河区体育西路小学的师资队伍存在青年教师多、流动性大的现象，这对于学校教育质量的稳定提升有一定的影响，也不利于学校的创新发展。但是，广州市天河区体育西路小学较为注重青年教师的校本培养，构建"青蓝工程""骨干带培"等教师培养机制，通过"建梯队"和"压担子"的方式，充分发挥骨干教师"传、帮、带"

---

① 唐琼芳.看得见课程，带得走的成长——基于期日的跨学科课程建设与实践之路[J].小学教学研究，2020（6）：18.

的作用，促进了一批青年教师的快速成长，也助推了研究型教师队伍的建设。

第三节　研究型教师队伍建设与品牌学校卓越发展
——以广东省湛江市第二十九小学为例

学校品牌是指学校在创建和发展过程中逐步积淀下来的，具有一定知名度、赞誉度的学校综合内涵的概括，凝聚在学校的名称、标志和教学设施、师资、校园文化等要素中。学校品牌是学校办学理念、教育品质、教育特色、经营机制以及学校文化的集中体现。品牌，是学校软性竞争的内驱力、永动力和扩张力。找准品牌定位，制定品牌战略、加强品牌推广和打造品牌师生，对于建设品牌学校而言是至关重要的路径。在品牌学校建设中，广东省湛江市第二十九小学颇具代表性，该校遵循教育发展规律和现代办学理念，着力打造"卓悦教育"学校品牌，深化教育改革，优化学校管理，丰富办学内涵，提升学校品位，走出了一条品牌学校卓越发展之路。现以湛江市第二十九小学为例，具体阐述品牌学校卓越发展的理念定位、基于品牌学校卓越发展的研究型教师队伍建设实践以及研究型教师队伍建设与品牌学校卓越发展的启示。

一、品牌学校卓越发展的理念定位

解析一所品牌学校的内涵，我们不难发现这样三个构成要素：办学理念、教育品质和积淀而形成的底蕴深厚的校园文化。其中，办学理念是学校品牌的灵魂，是教育思想的具体体现。品牌学校的办学理念应是先进的、独到的，是其他学校所不具备的。没有先进独到的办学理念作引领，就难以形成一所真正的品牌学校。要成为新时代的品牌学校，应围绕"培养什么人、怎样培养人、为谁培养人"这一根本问题，落实立德树人根本任务，营造发展素质教育的浓厚氛围，致力培养德智体美劳全面发展的社会主义建设者和接班人。在这方面，湛江市第二十九小学以"卓悦教育"学校品牌，走在卓越发展之路上。

（一）品牌学校卓越发展业绩

湛江市第二十九小学始建于 2000 年，现占地面积 5700 多平方米；现有教学班 37 个，学生 1955 人；在职教师 101 人，其中研究生学历 1 人，本科学历 87 人，正高职称 1 人，副高职称 16 人，中级职称 71 人。学校师资力量雄厚，广东省特级教师 1 人，广东省骨干教师 4 人，湛江市名教师 2 人，湛江市骨干教师 6 人，湛江市骨干班主任 1 人。学校拥有完善的设施设备、先进的办学理念、鲜明的办学特色和深厚的文化底蕴，是一所年轻的、书香的、现代化的学校。

湛江市第二十九小学深入贯彻党和国家的教育方针，以党的十九大关于"努力办好人民满意的教育"为宗旨，围绕为党育人、为国育才使命，落实立德树人根本任务，以推动基础教育高质量发展为核心，以打造"卓悦教育"特色品牌学校为愿景，以"悦乐和畅，卓尔不群"为育人目标，真抓实干，凝心聚力，深化教育教学改革，建设了一支研究型、创新型、高素质的"卓悦教师"团队，打造了"卓悦学校"品牌，培养了一批批德智体美劳综合素质全面发展的"卓悦少年"。2021 年 8 月，湛江市第二十九小学冯少玲校长主持的省重点课题"卓悦教育：教育现代化进程中优质教育的新范式探索"获得广东省教育科学规划领导小组办公室立项，把打造"卓悦教育"品牌学校提到新的战略高度。

自建校二十多年来，湛江市第二十九小学办学成绩斐然，硕果累累，获得全国规范化家长学校、全国优秀家长学校实验基地、广东省绿色学校、广东省诗歌教育示范学校、广东省规范汉字书写教育特色学校等多项国家、省级荣誉称号。教师有 20 余项省、市、区级课题获得立项，其中省重点课题 1 项，有 80 多个课例获得各级比赛奖项，100 多篇论文、案例、教学设计等获得各级比赛奖项，有 70 多篇论文发表于国家、省级教育刊物；学生参加各级各类征文、演讲、书法、绘画、创客、劳动科技等比赛获奖 900 多项。

（二）品牌学校卓越发展理念

为深入贯彻广东省人民政府《广东省推动基础教育高质量发展行动方案》（粤府〔2021〕55 号），全面落实湛江市委、市政府关于推动基础教育深化改革高质量发展的工作要求和湛江市赤坎区"学在赤坎"教育高质量发展的文件精神，湛江市第二十九小学以推动"卓悦"教育高质量发展、创新学校管理、构建现代化学校管理机制、全面落实素质教育为目标，做好了顶层设计，积极推动学校未来化变革，不断以创新推动改革，以品质打造卓越，办好人民满意的教育。

卓悦教育，是新时期下聚焦立德树人而着力促进教师、学生和学校三位一体卓越发展、悦乐求新的一种新的教育，是教育现代化进程中优质教育的新范式探索。卓，乃高明、不平凡。引申为卓越、卓尔不群；悦：乃高兴、愉快，引申为悦纳，悦乐和畅。卓悦者，学校立德树人之本、教师创新成才之本、学生快乐成长之本也。卓悦教育以"卓尔不群，悦纳和畅"的教育理念为引领，对学校文化、教师队伍、德育特色、课程体系、课堂模式、学习方式、家校共育等七大方面进行校本化系统建构，赋予学校办学新思想、新内涵和新路径，构建创新型、智慧型和幸福型的学校教育生态，促进教师、学生和学校三者协同发展，成就"卓悦教师"，培养"卓悦学子"，打造"卓悦学校"，从而主动适应教育现代化的时代趋势，助推教育高质量发展，办好人民满意的教育。

二、基于品牌学校卓越发展的研究型教师队伍建设实践

在"卓悦教育"学校品牌理念引领下，湛江市第二十九小学全面实施"新强师工程"，打造高素质、专业化、研究型的行政队伍和"卓悦教师"队伍。学校行政队伍精诚团结、刻苦努力、忘我工作、无私奉献，努力提高自身的整体素质和综合实力，奋发有为地承担起教育均衡协调发展的历史重任。带领全体教师打造名校，带领名校从辉煌走向更加辉煌，在区域内发挥示范引领和辐射带动作用，推进学校"卓悦"教育教学质量全面提升，为学校教育快速发展做出应有的贡献。基于"卓悦教育"学校品牌的研究型教师队伍建设，湛江市第二十九小学主要有精神塑造、素质培养、专业提升和团队建设四个方面的特色做法与举措。

（一）精神塑造："卓悦文化"整体构建

学校品牌的内涵核心是该校的文化品位，培植特色学校文化的过程也就是创建学校品牌建设的过程。走进一所学校，人们首先看到的是一种外在的环境文化，然后人们会发现该校师生言行举止的风格与方式，这就是一所学校文化的外在显现。湛江市第二十九小学通过学校"卓悦文化"的整体构建，以文化人，塑造了学校"卓悦精神"，从而熏陶、唤醒和培育"卓悦教师"和"卓悦学子"。

"卓悦文化"是底蕴深厚、元素丰富、内涵隽永、特色鲜明的学校文化。湛江市第二十九小学通过顶层设计，以"卓悦教育"理念引领，整合学校环境文化、管理文化、制度文化和精神文化，打造具有时代意义的"卓悦文化"学校品牌。学校特别注重思想引领和精神文化建设，提炼了敬业奉献、协作进取、追求卓越、和谐共处的"卓悦精神"，树立"现代化、人本化、和谐化、个性化"的学校形象。

打造"卓悦文化"品牌，重点抓好两个方面：一是建设特色校园文化，营造悦乐和畅的育人氛围，美化优化校园景观，高标准设置"卓悦文化"理念标识，合理布局学校内部空间，深化教育功能，突出学校特色和文化底蕴；二是建设学校精神文化，树立"卓悦教育"的办学理念，提炼和完善"卓悦精神"文化元素，突出校训、校歌、校徽、校旗等文化元素；同时加强思想引领、价值引领，讲好"卓悦故事"，做好"卓悦人"。如今，学校教师爱岗敬业、团结进取、业务精湛、社会口碑好，树立了"卓悦教师"的良好形象。

（二）素质培养："卓悦教师"培养工程

"卓悦教师"是富有理想信仰、教育情怀、专业素养、创新精神的新时代教师，也是追求卓越、协作进取、幸福成长的研究型教师。培养"卓悦教师"，打造一支高水平的研究型教师队伍，是"卓悦教育"的重要目标之一。

每学年度制订校本培训计划，依托学校的省、市、区级教育科学"十四五"规划课题，以科研赋能为突破口，构建了开放型校本研修模式，定期开展研修活动。开展开放性、多元化的校本研修活动，从而构建开放的教师专业成长平台，实现不同层次教师的不同发展，特别是对骨干教师的"二次发展"。采取"走出去，请进来"模式，通过开设专题讲座与个人实践相结合的方法，邀请高校专家、教学名师、教研员等进校开设讲座，加强教师校本培训学习。其校本培训内容主要有：（1）师德师风培训：包括立德树人、思想政治教育等；（2）教育思想培训：包括新课程改革理念、核心素养、优质教育理念、特色教学思想等；（3）教学理论培训：包括教学设计概论、教学设计过程、教学设计策略、课例研究方法等；（4）教学实践培训：包括课例研究、集体备课、听课评课指导等。同时，每学期选派优秀骨干教师参加各级各类培训项目，走进名校跟岗学习，创造一切机会，让更多的教师走近名师、成为名师。

2021年9月，学校跟广州市教育咨询公司合作，启动了为期一年的"卓悦教师"培养工程，制定《湛江市第二十九小学"卓悦教育"研究型教师培养实施方案》，引进岭南师范学院等高校教授专家的力量，对"卓悦教师"系统地培养，打造"卓悦教育"研究型教师队伍。"卓悦教师"培养工程的主要培训内容有：1. 课题申报书写作培训；2. 教研论文写作培训；3. "卓悦教学"研究实施；4. 研究成果总结。在这一项目成果推广阶段，将"卓悦教师"系列成果进行归纳总结，争取在报刊、网络上进行报道推广，并申报湛江市、广东省基础教育教学成果奖。

每年度，学校根据教师各方面的表现，评选年度"卓悦教师"。经过若干年校本培养努力，学校促进不同层次的教师尽快提高教育教学能力，促进其专业素养的提高，让初期教师能够在成长中得到更好的培养，让成熟期教师在成长中能够扎根，让精深期教师能够在职业生涯中圆梦，从而打造富有理想信仰、教育情怀、专业素养、创新精神的新时代教师和追求卓越、协作进取、幸福成长的研究型教师，培育一批优秀学科带头人和教学名师，培育正高级教师、特级教师、南粤教师、名教师、名校长、名班主任等若干名，积极发挥骨干教师的示范引领作用。

（三）专业提升："卓悦课堂"行动研究

课堂是教师的主阵地；课堂教学能力是教师最核心的能力；改进课堂，提升课堂，完善课堂，是教师教育生涯的永恒主题。湛江市第二十九小学提出的"卓悦课堂"，是以生为本、情境相生、激扬思维、升华生命的新课堂。"卓悦课堂"基于"卓悦教育"理念，以学生为中心，聚焦新技术、新策略和新方式，提高课堂教学实效，引领学生深度学习，培养学生的高阶思维、实践能力和创新精神，发展学生核心素养。根据学科教学需要，倡导运用自主学习、探究学习、体验学习、合作学习、项目学习等学习方式。"卓悦课堂"的基本特征，可以用"四字诀"来概括："悦""新""活""实"。

基于"卓悦课堂"理念，湛江市第二十九小学研究团队提出了"情思—体悟—慧用"体验教学模式，作为"卓悦课堂"的教学模式。这一模式是教师基于学生认知发展水平，针对减负提质的新课改要求，以"情思""体悟"和"慧用"为三个关键环节，通过引领学生情境思辨、体验感悟和智慧运用，促进学生主动学习，发展学生核心素养的教学模式。情思，即是在情境激趣中生发疑问、思考辨析；体悟，即是在亲历体验、探究交流中感悟知识、掌握技能；慧用，即是在智慧内化中灵活应用、巩固提升。"情思—体悟—慧用"体验教学模式创新，聚焦学生的体验式学习生态，重在丰富学生的学习体验和提升学生的学习效果。

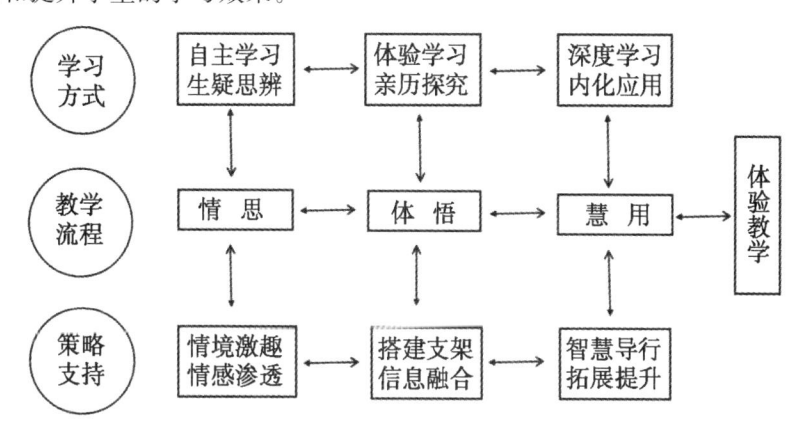

图 5-1 "情思—体悟—慧用"体验教学模式

如何打造"卓悦课堂"？我们主要是通过行动研究实验活动来实现。在具体操作上，我们制定了具体明确的行动研究活动方案，以"卓悦课堂"为主题，组建语文、数学、英语和思政四个科组研究团队，确定实验教师和实验班级，每学年度分上、下学期两个阶段，以"课例研究"为方式进行行动研究，主要包含理论假设、实践验证、观察反思三个阶段，指导教师进行课例研究指导，参与教师进行课例研究实施。最后，总结课例研究经验，提炼教学模式；实验教师负责撰写，指导教师负责修改。据此，该校研究团队撰写系列研究论文、教学案例等，打造若干学科精品课例。

探索"卓悦课堂"的教学模式创新，是新课标下深化课堂教学改革的迫切需要，也是落实学生核心素养发展的新教学范式。这样的探索提示了教师在新课改中"现在何处，应去何方，怎样过去"，有力地促进了教师高质量发展，使教学质量得到一个较大的提升。

（四）团队建设："卓悦科组"评选活动

教研组是学校重要的教师组织，是教师学习共同体和研究共同体。教研组建设，跟学校的教育管理、教学质量以及教师的专业成长都有着十分密切的联系。加强教研组建设，扎实开展好教研活动，提升教研组的团队整体素质，不仅对打造团队团结进取精神、提高教学质量具有重要的促进作用，而且对促进教师专业成长、构建学习型和研究型组织具有重要意义。因此，学校管理者必须高度重视教研组建设。但是，在实际工作中，学校管理者更多的以教学质量（学生的学科成绩）来衡量教研活动的成效、衡量学校管理的成败，忽视了教研组对教师专业成长的引领作用，也忽视了教研组的建设及其功能的充分发挥。这是需要反思改进的。

为了进一步加强教研组建设，湛江市第二十九小学采取了多项有力举措，其中一项就是"卓悦科组"评选活动，通过以评促建，提质强基。自2021年9月起，湛江市第二十九小学制定了《湛江市第二十九小学"卓悦科组"评选方案》，坚持每学期开展"卓悦科组"评选活动，由教导处组织协调、统筹实施。"卓悦科组"评选考核小组由冯少玲校长担任组长，陈月海、黎羽和郭喜华三位副校长担任副组长，中层干部及各科组长担任成员。"卓悦科组"评选内容包括计划总结、校本教研、公开课、听课节数、教学比赛、课题研究、论文发表、教师获奖、学生获奖和期末展示活动十个方面，采用分项量化考核方式进行评分，最终评选出"卓悦科组"一、二、三等奖各2名。

每学期一次的"卓悦科组"评选活动，成为了"卓悦教育"的一个品牌项目，进一步盘活了学校教研组，构建了常态化、规范化、特色化教研评价机制，激发了教师参加教科研活动的积极性，促进了教师专业化发展，助力学校高素质研究型教师队伍建设，助力"卓悦教育"学校品牌打造。

三、研究型教师队伍建设与品牌学校卓越发展的启示

从湛江市第二十九小学的办学实践中，我们获得关于研究型教师队伍建设与品牌学校卓越发展的三点启示。

（一）打造品牌学校是推动教育高质量发展的有力举措

现代化的学校发展，需要先进的办学理念支撑，需要科学的治理体系建构，需要闪亮的学校品牌引领。教育管理者需要深度思考与探索，通过顶层设计，以特色理念引领，打造特色鲜明、内涵丰富的学校品牌。一所校容美、校风好、质量高、声誉佳的学校，本身就是一种强大的教育力量。师生置身其间，在长期的熏陶感染中，行为得到规范，心灵受到陶冶，素质不断提高，相互之间产生正强化。在国家全面推动教育高质量发展的战略背景下，学校品牌建设已显得非常必要。现在正是打造学校品牌的最好时机。学校的竞争已经由简单的量的竞争转变为质的竞争。湛江市第二十九小学打造的"卓悦教育"学校品牌恰逢其时，进一步推动了学校教育高质量发展，促使学校加快现代化发展。

（二）促进学校品牌发展主要是促进人的品牌发展

学校是教育人的场所，从事的是一种培养人的活动，它不同于工厂、医院、商场、政府等其他任何一个组织。因此，学校品牌与其他组织品牌有着不同的表现形式。从某种意义上说，学校品牌主要是人的品牌，即学生的品牌和教师的品牌。促进学校品牌发展主要是促进人的品牌发展，亦即促进学生的品牌发展和教师的品牌发展。人的品牌形象是学校品牌形象最有说服力的因素。其主要体现在两个方面：一是培养"名生"，一所学校是否有影响力，一定程度上可以去查看培养了多少位杰出的学生。杰出学生也是一种学校品牌。成功学生形象是学校品牌形象最生动、最直接的体现；二是培养"名师"，造就"名师工程"对任何学校都是至关重要的。名校培养名师，名师造就名校。哪所学校拥有高质量的教师队伍，哪所学校就拥有高质量的教育，这已成为人们的共识。人们评价一所学校，总是注意评价它的教师队伍状况。因此，教师队伍的整体素质，都从不同的角度，在不同的程度上反映着学校品牌形象。湛江市第二十九小学"卓悦教师"培养工程的实施，是研究型教师队伍校本培养的成功实践。

（三）研究型教师队伍建设是品牌学校卓越发展的重要基石

学校的核心竞争力主要体现在硬件资源和软件资源两个方面。硬件资源是学校的基础设施与设备建设；软件资源是以人和文化为中心的精神塑造与建设，这是独一无二、难以模仿的。一支高水平的研究型教师队伍，是学校的核心竞争力软件资源中最重要、最有价值的资源。《中共中央、国务院关于全面深化新时代教师队伍建设改革的意见》强调"坚持兴国必先强师"，指出"教师是教育发展的第一资源，是国家富强、民族振兴、人民幸福的重要基石"，把教师队伍建设放在事关民族复兴伟业的优先位置，具有重大的历史和现实意义。由此可见，如何利用好教师这一学校教育的重要资源，必须引起学校管理者的高度重视。如何建设好教师队伍，需要学校管理者下一番功夫。研究型教师队伍建设的成效怎样，事关学校卓越发展的前景，值得有志于此的学校管理者认真思考。湛江市第二十九小学在冯少玲校长的带领下，打造研究型"卓悦教师"队伍，夯实了"卓悦教育"品牌学校发展的根基。

综上所述，教育现代化视域下，学校转型发展势在必行。基于研究型教师队伍校本建设的学校转型发展，是教育现代化视域下教育改革发展中颇具挑战性的一项重要课题。基于研究型教师队伍校本建设的理念及实践探索，作为薄弱学校的广东省雷州市唐家镇中心小学实现了内涵发展的突破，作为优质学校的广东省广州市天河区体育西路小学实现了创新发展的突破，作为品牌学校的广东省湛江市第二十九小学实现了卓越发展的突破。这三所学校的经验做法，具有积极的示范意义和借鉴之处。

第六章 研究型教师队伍校本建设的个案分析

随着中国式教育现代化进入关键阶段,全国各地区正全面推动基础教育高质量发展,而全面推动教师队伍高质量发展作为其中的重要一环,则受到自上而下的高度重视。努力加强研究型教师队伍建设,是全面推动教师队伍高质量发展的理想路径,是全面推动基础教育高质量发展的坚实保障。对于中小学校而言,研究型教师队伍建设既是一个重要的机遇,也是一个很大的挑战。由于受多种客观因素的影响,各地区的乡村学校、县城学校和市区学校在办学质量和发展水平方面存在一定的差距;而这三类学校对于研究型教师队伍建设的实践探索也就各显千秋,突显校本化的特征。这里以广东省廉江市青平中学、广东省廉江市廉江中学和湛江经济技术开发区第一小学三所学校为例,分别对乡村学校、县城学校和市区学校三个层面的研究型教师队伍校本建设案例进行阐述和分析。

第一节 乡村学校的研究型教师队伍建设个案分析

乡村学校的研究型教师队伍建设如何有效开展?现以广东省廉江市青平中学的《促进乡村教师的教研变革——"三团队两主线一主题"的教研共同体构建》为例进行阐析。

一、典型案例

促进乡村教师的教研变革

——"三团队两主线一主题"的教研共同体构建[①]

(一)学校概况

廉江市青平中学坐落于廉江市青平镇教育路 101 号,创办于 1943 年,现

---

① 本案例由广东省廉江市青平中学曹悦、宋应金提供。

有教师 145 人，学生 1970 人。学校占地 137 亩，总建筑面积 20436 平方米。学校规划合理，设备设施齐全，布局规范，环境优美，具有浓厚的文化底蕴和传统的人文气息，有良好的育人氛围。

几十年来，廉江市青平中学坚持不懈探索，开拓了一条在改革中求优质，在优质中求创新，在创新中求发展的办学新思路。学校领导班子以"让青平学子在家门口读上满意的学校"为己任，以"善待老师，服务学生，发展学校"为工作理念，以"学生发展为核心，教师发展为基础，全心全意为学生成长服务"为工作核心，以"教书育人、管理育人、服务育人、环境育人、文化育人"的"五育"为教育理念，努力打造"校园美、校风正、教学好、质量高"的文明学校。

近年来，在各级领导的关怀下，在全体师生的努力下，廉江市青平中学办学成果丰硕，获得廉江市标准化学校、廉江市文明单位、廉江市中考先进单位、廉江市综合治理先进单位、廉江市文明校园、廉江市德育示范学校、湛江市绿色学校、湛江市特色文化学校等多项殊荣；2021 年，廉江市青平中学被选为广东省初中信息技术教研基地学校、湛江市中小学教师信息能力提升工程 2.0 示范学校。目前，学校教师有 13 项课题获得省、市、县级立项；有 10 多个课例获得市级以上奖项，40 多篇论文发表于国家、省级教育刊物，多篇论文获得市级以上奖项；学生参加各级各类征文、演讲、书法、绘画等比赛，获得奖励 150 多项。由于学校办学业绩日益突出，湛江日报、廉江电视台、廉江融媒体等新闻媒体作了多次精彩的报道。

风雨兼程八十载，继往开来谱新篇。学校正在全体师生的努力下，风雨兼程，不断书写办学新篇章。

（二）实践探索

2015 年，国务院出台了《乡村教师支持计划（2015—2020 年）》（简称《支持计划》），把乡村教师队伍建设摆在优先发展的战略地位，打出"全方位组合拳"全面支持乡村教师发展。利用现有的信息资源，构建乡村教师教研共同体，促进乡村教师教研变革，发挥乡村教师学习、工作和研究的积极性和主动性，这是提升乡村研究型教师队伍建设的重要途径。

2021年5月，廉江市青平中学宋应金校长主持的课题"智慧校园支持下的农村中学教师信息化教学能力提升的研究"获得广东省教育科学"十四五"规划一般项目立项；同年8月，曹悦老师主持的课题"基于信息化2.0的乡村教师教研共同体构建的研究"获得广东省中小学教师信息技术应用能力提升工程2.0专项科研课题立项。经过一年多的研究与实践，廉江市青平中学构建了"三团队两主线一主题"的乡村教师教研共同体的研修模式："三团队"是教研共同体的核心——信息化支持团队、教师培训团队和教研实践团队；"两主线"为突破区域和校级互联限制，采用线下研修与线上多方式研修相结合；"一主题"为以提升乡村教师教研能力为主题，以手把手、师带徒的形式，从基层做起，以达到提升教师教科研水平为目的。该模式通过构建完善的教师"教、培、学、研"体系，实现教师多维度的发展，有针对性地提升乡村教师的教科研能力。由廉江市青平中学牵头，加入到乡村教师教研共同体的学校有廉江市第三中学、廉江市营仔镇第二中学、廉江市车板镇第二中学、廉江市雅塘中心小学和廉江市吉水镇中心学校。

1. "三团队"的教研发展

借国家教师信息技术能力提升工程的东风，根据《廉江市青平中学2020—2035年教研发展规划方案》，我们组建了以学校领导为核心的教研团队组建工作小组，在学校领导的直接领导与支持下，跟各校进行教研协作交流，以两线互助为策略，联合大学、市县教研室、名师工作室等，以"骨干引领、学科联动、团队互助、整体提升"为抓手，组建了三大教研团队，分别为信息技术支持团队、教研培训团队和教研实践团队。三大团队，以点带面，聚焦课堂。

（1）信息技术支持团队

信息技术支持团队为三大团队中的核心，负责团队的教研环境架设与教研过程中的信息化支持。乡村教师的信息化教学能力是偏弱的，很多教师驾驭课堂的能力较强，但是无法跟信息技术整合在一起，往往导致教师顾此失彼。信息技术支持团队能有效地扶助培训团队进行基于线上线下的各种各样的培训，还能让教师从信息技术中解放出来，认真完成备课、磨课的工作。

如在省级课题的示范课《紫藤罗瀑布》中，信息技术支持团队在前期的集体备课中给予了教学设计方面的信息化备课建议，备课组教师根据给出的建议对教学设计进行了优化，最终为学生展现了一节 VR 技术融合的语文课，让学生在学习中直观地感受到紫藤罗花盛开的景象。

(2) 教研培训团队

教研能力是影响乡村教师专业发展的最重要因素，传统的教研模式让教师存在学习倦怠、思想观念偏差、教研内容脱离实践、自我设限等问题。为此，我们组建了以专家学者、市县教研室、教学名师等为主体的教研培训团队，开展线上线下的各类教研培训活动，从教学设计到课件设计，从论文写作到课题研究，建立线上教研工作坊，进行分级分类的精准培训，从而提升教师的教学教研能力。

如在课题"基于信息化 2.0 的乡村教师教研共同体构建的研究"中，为了突破因为疫情而导致的线下活动中断，课题组利用学校网站，创设了乐橙教研工作坊网站，利用工作坊网站，分别开展了教师信息技术能力提升工程能力点、新课程标准下教学设计撰写、教学论文撰写、课题开题报告撰写等系列培训活动。自培训开展以来，教研团队成员已获得多个省、市级教学论文、教学案例、微课等比赛奖项，在省级以上期刊发表论文 17 篇，5 项课题获得廉江市教育局立项。

(3) 教研实践团队

教研实践团队是教研成果的重要展示。为此，学校建立三梯队教研实践团队，第一梯队为学科名师，这是领头雁团队，主要负责引领共同体中的乡村教师开展沉浸式教研活动，有计划地将共同体成员教师专业发展规划与共同体的远景目标有机结合起来，实施"三个一"工程（即同读一主题、同教一节课、同研一项目），有效促进乡村教师实现专业成长。第二梯队为共同体学校中的青年骨干教师，主要通过课堂观摩示范，利用"三个一"工程的实施，通过教学中的"试教—反思—提炼—再教"等环节使自己得到历练。第三梯队为共同体后继成员，一般以新入职不久的新教师为主，该梯队成员将通过教研学习，参与磨课、观摩课、课题与论文写作等，逐步成长并提升。

如在课题"智慧校园支持下的农村中学教师信息化教学能力提升的研究"

和"基于信息化2.0的乡村教师教研共同体构建的研究"中，我们就组建了这样的三梯队团队，领头雁团队由教研能力强的宋校长、曹老师和张老师为核心，联合市语文、化学名师工作室主持人共同组成；第二梯队由各校精选的参加青年教师能力大赛的学科骨干教师组成；第三梯队由新入职不超过两年的有志向的年轻教师组成。自组成至今，制度化地开展"三个一"工程，同时开展线上线下的教研活动，形成了高效的教研共同体。

2. 两主线的研修空间

为突破地域距离和疫情的影响，方便各校成员共同参与研修活动，结合各校实际情况，我们设计了线上和线下两种研修模式。线上教研的主要阵地为教研工作坊和定期的线上视频研讨会，教研工作坊以共同体活动、研修主题、培训学习、课程教研（下设集体备课、线上磨课、意见反馈、课堂实录等项目）、课例资源、教研成果、课题专区等栏目，涵盖了教研的全流程。同时，共同体还利用每两周周六晚，开展线上视频教学研讨会，邀请专家、学者、优秀成员分享教学经验和进行主题讲座。线下教研，我们在各校形成各自的教研共同体工作坊，将全校教研共同体按能力点分成若干教研小组，组成小组式教研共同体，采用"新老互帮带"的方式，为教师赋能开辟了新的途径，破解教师成长遇到的问题与困惑，分学科、分项目开展教研综合活动。

如针对2022年4月颁布的各学科义务教育课程标准，教研共同体开展了基于新课程标准的教学设计教研工作。从解读新课程标准开始，到突破课程目标，再到教学过程设计，我们开展了一系列线下线上联合的教研工作。线下，共同体通过教研工作坊，开展了新课程标准的解读分享会；同时邀请专家学者进行了线上新课程标准视频交流会。在专家的指导和领头雁团队的引领下，教研工作坊依托教研团队网站，研讨制定并优化各学科教学设计方案，从而形成有针对性的教学设计方案。

3. 以"提升乡村教师教研能力"为主题

学校以"提升乡村教师教研能力"为主题，推进乡村教师教研共同体建设，从整体上提升教师队伍素质；着重培养教研共同体的集体意识，形成乡村教师对教研共同体的归属感、认同感以及同伴之间的尊重感。

围绕"提升乡村教师教研能力"这一主题，学校启动了"双骨干"教师培养项目，确立"双骨干"教师为学科骨干教师和教研骨干教师，创设"双骨干"教师培养基金，确定三年为一个培养周期。这一项目设置了"双骨干"教师的培养目的、标准和任务，构建导师帮扶机制，引导培养对象有组织、有计划、有目的地开展教学研究活动，不断提高教学水平和教研能力。这充分地激发了一大批青年教师岗位立业、岗位成才的热情，促进了教师从"教书匠"向"研究型"或"专家型"教师的转型。值得一提的是，在教研活动中，学校主要是开展典型课例研究活动，把促进教师专业成长同真实课堂结合起来，鼓励教研共同体教师听课互学共研，并充分利用教研共同体的教研职能，发挥"专家引领，同伴互助"的作用，全面提高教师的教学水平和教研能力。

（三）实践成效

1. 构建了乡村教师教研共同体培养模型

在乡村教师教研共同体建设研究中，探索构建了"三团队二主线一主题"的乡村教师教研共同体培养模型。基于此，学校开展了线上线下融合的多维度的教研活动，基本解决了乡村教师教研方式单一、缺乏常态化的支持和缺乏群体汇聚效应的难题，创新了乡村教师教研共同体的学习模式、教学模式和教研模式，为寻找乡村教师高效的教研路径提供了新的参考。

2. 促进了乡村教师成长为研究型教师

经过近两年的实践研究，教研共同体成员的教学水平和教研能力提升明显，多名教师已经成长为区域内颇有名气的研究型教师，如宋应金校长成长为"廉江市名校长培养对象"，曹悦老师成长为"广东省教学信息化研训专家团队培养对象"，郑志谋老师成长为"廉江市历史学科带头人"，张紫明老师成长为"廉江市名教师培养对象"。在教研共同体成员中，青年教师的成长也较为迅速，2021年有10名成员参加了廉江市青年教师教学能力大赛，其中6人获得了一等奖，4人获得了二等奖，成绩可喜。

3. 创造了丰硕的乡村学校教科研成果

富有成效的教研共同体实践，创造了可喜的乡村学校教科研成果，激发了各校教师的教科研热情，创造了丰硕的教科研成果。自开展教研共同体活动以来，参与共同体的学校教师一共有 16 项课题获得了省、市、县级立项，其中廉江市青平中学有 13 项课题获得立项；另外有 20 多篇研究论文发表于国家、省级教育期刊，而教学信息化和教学创新方面的研究论文占了 14 篇。

4. 推动了共同体乡村学校高质量发展

教研共同体实践也推动了乡村学校教育高质量发展，进一步促进了共同体学校的教学质量，中考成绩提高迅速。廉江市青平中学已成为廉江市乡村教育的领军学校，该校也因此获得了"广东省初中信息技术学科教研基地校""湛江市教师信息技术提升工程 2.0 示范学校"等荣誉称号。

二、案例分析

1. 构建教研共同体新范式，促进乡村教师研究型发展

教研共同体，是基于学习共同体的一种联合教研模式，是以同质促进、异质互补的原则建立的，是根据各自特色和教师专业发展的需求，联合互动，共同开展教研，从而形成一种资源共享、相互借鉴、协同研究、共同发展的良好机制。它基于学校而不限于学校，它摒弃脱离各种专业力量的各自为战，集集体智慧，集校内外各方的合作与支持，相互协作，联合开展教学研究，共享经验与成功，从而达到资源共享、优势互补。依托国家乡村教师支持计划和中小学教师信息技术应用能力提升工程 2.0 的政策东风，廉江市青平中学审时度势，守正创新，牵头构建了"三团队两主线一主题"的乡村教师教研共同体活动新范式，发挥"雁阵效应"，加强校际联盟，联合廉江市五所乡村学校持续开展教研共同体活动，促进了乡村教师的教研变革，也促进了乡村教师的研究型发展，带出了一支有情怀、有梦想、有能力、有素质的乡村教师研究型教师队伍。

2. 信息技术赋能，进一步拓宽乡村学校教研路径

教研共同体打破了传统教研格局，给学校教研注入活力。教研共同体的

构建及实践，能为乡村教师的专业成长提供可持续发展平台。信息技术赋能下的教研共同体，则呈现新的样态，进一步拓宽乡村学校教研路径，给乡村教师交流搭建更便捷、更广阔的平台。通过信息化手段的支持，乡村学校克服了相关传统教研活动的弊端，形成动力促进乡村教师教研共同体实现深度学习和有效教研。这必将促使乡村教师更快、更好地实现专业成长，为乡村教育的发展提供强有力保障。廉江市青平中学以宋应金校长和曹悦老师分别主持的两个省级信息技术课题为抓手，探索开展乡村教师教研共同体活动，注重线上线下相结合的研训方式，加强了校际之间的学习与研究交流，提升了教研活动的效率。

3. 抓好乡村教师教研共同体建设，推动乡村学校振兴发展

振兴乡村学校，振兴乡村教育，推动乡村教育高质量发展，关键靠乡村教师，靠高素质创新型专业化的乡村教师队伍；而抓好乡村教师教研共同体建设，正是一条重要路径。现阶段乃至往后一段时期内，基础教育资源的不均衡现象依靠"平均主义"无法从根本上解决，教研共同体有助于不同区域或学校教育融合，促进师资资源、社会资源、课程资源的共通与共享。在优化教育资源分配、促进乡村教育振兴方面，乡村教师教研共同体具有重要作用。廉江市青平中学着力抓好乡村教师教研共同体建设，积极联合区域乡村学校开展好扎实有效的教研活动，为乡村教师搭建了成长、成才、成功的平台，也让一所普普通通的乡村学校走向振兴，获得了"广东省初中信息技术学科教研基地校""湛江市教师信息技术提升工程2.0示范学校"等荣誉称号。

第二节　县城学校的研究型教师队伍建设个案分析

县城学校的研究型教师队伍建设如何有效开展？现以广东省廉江市廉江

中学的《"仁德教育"理念引领下的"仁德教师"成长——广东省廉江市廉江中学"仁德教师"队伍建设探索》为例进行具体阐析。

一、典型案例

"仁德教育"理念引领下的"仁德教师"成长
——广东省廉江市廉江中学"仁德教师"队伍建设探索[①]

（一）学校概况

廉江市廉江中学创建于1919年11月，是廉江市重点中学，廉江公办教育的龙头学校。办学百年，砥砺奋进。学校于1978年被确定为县级重点中学，是广东省一级学校、广东省文明单位、广东省普通高中教学水平优秀学校、广东省安全文明校园，广东省校本研修示范学校。学校占地面积135840平方米，在校学生6000多人，在岗教职工530多人。

办学理念先进。学校秉承"团结勤奋、求实进取"的校训精神，厚学启智，立德树人，拥有光荣的革命传统，关泽恩、江刺横等一大批有仁爱之心的革命烈士用鲜血染红了廉江中学这面永远飘扬的旗帜。站在新百年历程的起点，学校确立"仁德为本、传承创新、多元发展"的办学思路，树立"不让一个孩子掉队、不准一颗心灵污染"的工作目标，立志"办高品质学校，育高素质人才"。

基础设施完善。学校拥有设备先进的教学楼、宿舍楼、办公楼、科学馆、图书馆、艺术楼、体育馆以及标准化塑胶跑道运动场等教学场所设施，建成了校园广播系统、学校网站、千兆主干校园网络。致力打造智慧校园，教室设置触摸一体式多媒体教学平台以及大容量电子班牌，实现与因特网的互联

---

① 本案例由广东省廉江市廉江中学张旭提供。

互通、信息交流与资源共享。

师资力量雄厚。现有正高级教师2人，特级教师4人，高级教师84人，中级教师277人，全国优秀教师2人，省级优秀教师18人，"广东省百千万人才工程"培养对象2人，广东省骨干教师培养对象9人，广东省名校长工作室主持人1人，湛江市名师工作室主持人4人，湛江市劳模与工匠创新人才工作室主持人1人，廉江市专业技术拔尖人才6人，专任教师本科率100%。近年来，教师在国家级、省级刊物上发表论文200多篇，学校出版教师论文集6辑。

办学特色鲜明。学校创建"仁德教育"的育人模式，以仁立德、以仁润德、以仁养德、以仁育德。围绕"仁、义、礼、智、信、温、良、恭、俭、让"这十大主题开展德育活动，开设"四仁八德"校本课程，创设"全程德育、全境德育、全员德育"的育人氛围，"使每一面墙都会说话，让每处环境都能育人"。每年举办"四个节"活动（即春季书香节、夏季科技节、秋季敬师节、冬季艺术节），以丰富多彩的校园活动，打造"文化校园、文明校园、智慧校园、艺术校园、幸福校园"；开设动漫社、醒狮队等数十个学生社团活动，激发创新发展思维，致力培养"体质强、素质高、品质优"的时代英才。

办学成果丰硕。百年廉中，立德树人，科研成果硕果累累，素质教育成效显著：学校以"仁德教育"核心理念编著的《学校高效管理的创新力》《教师必备的课堂掌控艺术》《读论语学做人》等教育专著先后出版；"仁德教育"实践成果荣获湛江市第三、第四届基础教育教学成果一等奖；张旭校长主持的广东省教育科学"十三五"规划课题重点项目"仁德教育：现代视域下教育理念的范式变革"顺利结题并评为优秀等级，广东省教育科学"十四五"规划课题重点项目"区域性名校长工作室：新时代构建教师专业成长范式"获批准立项；广东省张旭名校长工作室被评为省级优秀工作室；林诺蓝、李妙娴、张诗梦等五十多位学生在省青少年科技创新等各种大赛中屡获大奖、捷报频传。年年桃李，岁岁芬芳，恢复高考以来，廉江中学为清华、北大等全国知名院校输送了一大批人才。近几年，学校在市委市政府的正确领导和市教育局的精心指导下，校容校貌焕然一新，教育教学质量快速发展，中高考成绩节节攀升，2020年张国榆同学考上北京大学，2022年高考取得历史性突破，跃升为湛江市同类公办学校的排头兵。

高擎"仁德教育"的旗帜，走过百年辉煌历程的廉江中学，播撒仁爱思想、坚持德教为先，正为民族复兴、国家发展贡献卓越的廉中力量！

（二）实践探索

2018年，张旭校长调入廉江中学后，经过摸底排查，针对教师人数较多、年龄普遍偏大、积极性偏低的实际，果断大力改革，着手制定了系列制度和采取了系列措施，深入推行"仁德教育"，着力打造"仁德教师"，全面建设研究型教师队伍，促进学校发展跨上新台阶。

1. 以仁德理念唤醒"仁德教师"

廉江中学创建于1919年，底蕴深厚，人杰地灵，历经积淀拓展，百年来为廉江的教育事业作出积极的贡献，也在社会上赢得了广泛的赞誉。

学校虽然具有悠久的历史和丰厚的文化积淀，但在新的发展时期，学校文化的核心价值取向还没有取得共识、高效的教育教学模式还没有与时俱进。譬如：（1）教师个人专长不突出，"模仿型""教学型"教师多，"科研型""专家型"教师少，教师对课改新理念的认知水平和实际教学行为有差异；（2）学校德育特色不凸显，德育工作在如何围绕学校育人目标，在提高管理效能和德育实效性问题上，有待于进一步探索和完善；（3）课堂教学模式跟不上。对新时期创新人才的培育，还缺乏有效的探索。如何挖掘、总结、继承学校已有的经验与传统，不断注入新的时代精神，形成能够影响学校师生的独特文化价值观；如何借鉴、学习先进教育教学管理模式，提升课堂效率、教学水平和办学质量，是学校发展建设的关键问题。

百年老校在呼唤、渴盼全新的、科学的教育理念，来焕发扬帆远航的青春活力。站在新的起点，廉江中学确定了"仁德为本，传承创新，多元发展"的办学思路，不断增强使命担当，以"不让一个孩子掉队，不准一颗心灵受污染"为工作目标，培养体质强、素质高、品质优的现代化人才，努力实现"办高品质学校，育高素质人才"的办学目标。高品质指教育教学质量高、校纪校风层次高、师生幸福指数高、社会满意程度高。

2. 以仁德教育引领"仁德教师"

《淮南子·缪称训》曰:"善之由我,与其由人,若仁德盛者也。"仁德,是指致利除害、爱人无私的崇高道德。中华民族有五千年的灿烂文化,民族的伟大复兴,离不开传统文化的传承发展。基于此,我们在百年老校廉江中学进行了"仁德教育"理念的教育实践与理论探索。仁德教育,是一种以现代化视域为基点,以立德树人为目标,以核心素养为导向,通过慈、爱、和、美等元素,构建思想体系,沁润学生心灵,打造研究型的教育团队,构建创新型教学模式,培养合作型学生集体,创设探究型学习方式的一种现代教育范式。

廉江中学确立了"以仁立德、以仁育德、以仁润德、以仁养德"的德育范式。

"以仁立德"即是汲取传统经典养料,紧紧围绕"仁、义、礼、智、信、温、良、恭、俭、让"这十大主题开展德育活动,致力培养有中华灵魂(民族思想、民族情感、民族精神)和世界眼光(胸怀祖国、放眼世界)的当代人才。

"以仁育德"即是搭建文化活动平台,以"书香节、科技节、敬师节、文化艺术节"为载体,以诗文朗诵比赛、现场书法比赛、现场绘画大赛、演讲比赛、"新思潮"辩论赛等形式,培育学生形成社会主义核心价值观。

"以仁养德"即是开设学生社团活动,制定科学合理的社团活动计划,把社团活动纳入课程体系,以丰富多彩的社团活动,使求真、崇善、唯美的道德品质在学生心中生根发芽、开枝散叶。

"以仁润德"即是挖掘文化底蕴,浸润高雅情操。学校以关泽恩广场、名人广场为引领,以"传承红色基因、成就人生伟业"为主题,广泛开展文化传承活动,引领学生丰厚知识底蕴,化育美德雅行,奠基精彩人生。

3. 以四维体系带动"仁德教师"

根据教育的根本任务和学校的教学实际,我们立足学校的特色发展与追求,精心构建了"仁德教育"的理论框架和评价体系,着重研究"仁师""仁生""仁教""仁学"等的教育关系,归纳了"仁德课堂"培育模式,使学生掌握知识、提升能力、完善品格,真正实现立德树人。

(1)"仁师":德能楷模之师

"仁师"不仅是师德高尚之师,而且是乐教、善教的教师。教师通过不断地汲取知识、拓宽视野、修身养性来强化自身业务能力、展现自己人格魅力,从而感化学生;通过合作研讨、创新教法、释放爱心来启迪学生智慧,从而造化学生。简而言之,仁德教育倡导的"仁师之策",即是以强师来促成学生爱师、尊师、美师。

(2)"仁生":德才兼备之生

"仁生"是培养德才兼备、品学兼优,有情怀、有责任、敢担当的现代中学生。我们通过践行"三个三"来达成这个培养目标。在文明礼仪上倡导"三多",要求学生多微笑、多问好、多行礼;在日常行为上倡导"三无",要求做到地面无垃圾、餐桌无剩饭、内务无杂乱;在课堂内外倡导"三读",熟读100句经典名言,背读100首经典古诗,精读100篇经典古文。所谓"仁生之措",其实就是在情感上爱生,在思想上导生,在行动上助生,在结果上优生。

(3)"仁教":圆融的课堂境界

课堂是教学的主阵地。我们创新性地提炼出"仁德课堂"教学模式,即"一个核心、两条主线、三大原则、四大元素、五个步骤"(以立德树人为核心,贯穿以学生为主体的学习线和以教师为主导的讲导线,遵循精题、精讲、精练三个原则,构成慈、爱、和、美四大元素,通过"课前预习,问题反馈,互动研究,练习巩固,拓展提升"五个步骤来构建仁德课堂)。其主要特点是以仁师之策打造研究型教师团队。

(4)"仁学":互动的合作研讨

"仁学"是指学生在"仁师"的启发下,通过主动学习、生生互动、合作探究来让学习达到高效的效果,同时让学生在合作学习中找到真诚和友谊。合作学习既是新课程改革的要求,也是学生个性发展的需要,这有利于改善师生关系和生生关系。"仁学"强调的是合作。

4. 以科学评价塑造"仁德教师"

学校从建立科学评价考核机制着手,加强教师管理和教师评价,塑造"仁德教师",建设"仁德教师"队伍。①量化评价考核,坚持公平竞岗。实行学生评教,每学期由学生对教师教学情况进行无记名评教,以此作为教师量化考核的一项指标。学校先后建立健全了《廉江中学教职工考勤制度》《廉江中学教职工考核方案》《高考奖励方案》《廉江中学教育教学岗位聘任实施方案》《廉江中学教职工全员德育工作实施方案》等规章制度，把评优、晋级、提职与教职工的量化评价挂钩，使得人人在自己的岗位上充分发挥作用，收到显著的促教效果。②优化评价方案，评选"仁德教师"。为激发教师的热情与干劲，我校2019年经过党政班子研究决定，通过了《廉江中学"仁德教师（级主任、科组长、班主任）"评选方案》，实施与教育理念——"仁德教育"一脉相承的"仁德教师"评优考核方式。新方案依据教师的量化考核结果和教学业绩推荐评优评先对象，让愿意有所为、事实确有所为的老师找到自己的位置与价值。

5. 以高端培训提升"仁德教师"

为打造特色高中，廉江中学组织了几次高端的培训活动。这样的培训，不仅开创了廉江市教育界教师培训之先河，也是为"仁德教育"新模式而服务，可谓是"仁德培训"。第一次是：2019年8月，学校组织50名骨干教师到北京大学和清华大学参加"廉江中学骨干教师教学品质提升高级研修班"培训活动，以高标准要求教师掌握新理论，形成新教法，构建"仁德课堂"新模式，为全面提升教育教学质量打下基础；第二次是：2019年9月6日至7日，邀请闻名遐迩的红色教育和励志教育演讲家、郑州中原基础教育研究院院长、大型校园演讲《让生命充满爱》原创人邹越到学校给全体教师举办了一期"教育智慧"高级研修班培训活动，这次培训是教师心灵的彻底洗礼、教师潜质的深度挖掘、教师凝心聚力的高端训练。第三次是：2020年，组织学校教师参加广东省教育"双融双创"行动计划"强师工程"网络培训和北京师范大学举办的2020年"新课标、新教材、新高考——新时代高中教师在线培训"活动。

（三）实践成效

在"仁德教育"理念的引领下，廉江中学强化教师专业发展，实现高品质教师队伍建设，师生精神面貌焕然一新，教育教学质量得到了明显提高，百年老校焕发青春活力，"仁德教育"呈现出鲜活的办学特色。廉江中学成为湛江教育立德树人的典范，示范引领辐射了一批批学校。前卫的办学思想引领教育潮流，创新的育人举措绽放教育异彩，取得了丰硕的成果。

1. 教研科研成果丰硕

（1）学校以"仁德教育"核心理念编著的《学校高效管理的创新力》《教师必备的课堂掌控艺术》《读论语学做人》等教育专著先后出版；（2）"仁德教育"实践成果荣获湛江市第三、第四届基础教育教学成果一等奖；（3）广东省名校长工作室主持人张旭校长主持的广东省教育科学"十三五"规划课题重点项目"仁德教育：现代视域下教育理念的范式变革"获优秀结题；（4）广东省张旭名校长工作室（2018—2020年）被考核为省级优秀。

2. 教育教学质量可喜

学校的教育教学质量明显提升，中考、高考成绩节节攀升。（1）本科率由2017年的62.75%上升到2022年的81.7%；（2）600分以上高分段人数由2017年的0人上升到2022年的17人；（3）2020年高考，张国榆同学考上北京大学；（4）2020年，廉江中学中考成绩居湛江市公办学校第二名。

二、案例分析

（一）教育专家办学，名校长领航

几年间，廉江中学走上了"仁德教育"品牌化快速发展之路，打造了一支高素质专业化创新型"仁德教师"队伍，向教育高质量发展进军。这背后正是得益于一位名校长——张旭。张旭是中学语文正高级教师、广东省特级教师和广东省名校长工作室主持人，现为廉江市人大常委、廉江中学党总支书记、校长。2002年，张旭就任廉江市石城中学校长，一年后就把这所处境艰难的镇级中学改造为文体见长的廉江市第五中学，使该校走上发展的快车道。2008年，张旭受命筹建廉江市第一中学，他用教育者的情怀和开拓者的气魄，仅用八个月就在一座荒山野岭建成一座富有文化气息的现代化特色学校，并且以研究者的眼光和教育专家的底蕴创立了"仁德教育"理论，构筑了廉江市第一中学独具特色的校园文化。2018年9月，张旭以教育专家追求卓越的精神接力一所百年老校——廉江中学，致力于让美好的教育梦想照进厚重的百年老校。"一位好校长就是一所好学校"，张旭就是一位有才能、有梦想、有担当、有情怀的好校长，是一位专家型名校长。在张旭校长的引航下，每一所经他接管的学校都焕发生机，彰显特色，成就教师，成就学生。

（二）政府高度重视，品牌化发展

廉江中学不同于新建中学。廉江中学是百年名校，底蕴深厚，英才辈出；但是作为百年老校，也存在着设备设施陈旧、教师年龄结构不合理等不容回避、亟待解决的突出矛盾和棘手问题。廉江市委市政府高度重视廉江中学的发展，对新一届学校领导班子寄予厚望，对学校的办学目标提出明确要求。责任重大，使命光荣。在这样的情况下，要振兴一所百年老校，重新厘清办学方向极为重要。通过调研，张旭明确了廉江中学"办高品质学校、育高素质人才"的"两高"方向，在此基础上充分考虑到廉江中学深厚的文化底蕴，提出"仁德教育"的实践思路，从不同方面建设特色校园，积极培养体质强、素质高、品质优的现代化人才。地方政府高度重视，明确学校办学目标，支持学校品牌发展，优化教师队伍结构，为学校的"腾飞"扫清障碍。

（三）构建培养体系，研究型建设

在教师团队方面，廉江中学强调打造一支研究型的教育团队，通过构建教师培养体系，以研究型小团队建设促大团队发展，面向全体教师，尊重教师差异，夯实教研基础，促进教师专业成长。在实施路径上，一是以仁德理念唤醒"仁德教师"；二是以仁德教育引领"仁德教师"；三是以四维体系带动"仁德教师"；四是以科学评价塑造"仁德教师"；五是以高端培训提升"仁德教师"，以此多维度培养研究型"仁德教师"，高质量、有梯队地建设研究型"仁德教师"队伍。因此，廉江中学构成了正高级教师、高级教师、中级教师和二级教师的教师职称序列，建立了梯度式教师队伍结构。并且，该校培养了特级教师、全国优秀教师、南粤优秀教师，"广东省百千万人才工程"培养对象，广东省骨干教师培养对象、广东省名校长工作室主持人 1 人、湛江市名师工作室主持人、湛江市劳模与工匠创新人才工作室主持人、廉江市专业技术拔尖人才 6 人等国家、省、市、县级多层次教育人才，尤其是高层次人才不少。这对于一所县级中学而言，实属难能可贵。

第三节 市区学校的研究型教师队伍建设个案分析

市区学校的研究型教师队伍建设如何有效开展？现以广东省湛江经济技术开发区第一小学的《让每位教师都成功——湛江经济技术开发区第一小学"四环二维"校本研修模式下的教师发展》为例进行阐析。

一、典型案例

让每位教师都成功
——湛江经济技术开发区第一小学"四环二维"校本研修模式下的教师发展[①]

（一）学校概况

湛江经济技术开发区第一小学创办于 1992 年，承各级领导悉心关怀，经

---

① 本案例由广东省湛江经济技术开发区第四小学林文智、广东省湛江市第二十九小学豆海湛提供。

师生发奋图强，发展势头良好。学校占地20亩，环境优雅，教学条件一流，人文氛围浓厚。学校现有学生1500多名，有教师80多名，其中省级、市级骨干教师培养对象30多名。

湛江经济技术开发区第一小学深入贯彻党和国家的教育方针，深入落实国家、省、市、区教育工作会议精神，以"办开放包容、开拓创新的现代化学校"为办学宗旨，以"培养具有开放创新精神，能主动发展的现代中国人"为培养目标，坚持"依法治校"，打造"开放觉民"学校文化品牌，加强教师队伍建设，深化教育教学改革，着力提高教育教学质量，全面实现教育现代化。学校的发展步伐因此明显加快，朝着内涵化、特色化和品牌化的方向发展，取得可喜的办学效益。

近几年来，湛江经济技术开发区第一小学办学成绩斐然，硕果累累，获得全国读书育人特色学校、广东省艺术教育特色学校、广东省书香校园、广东省校本研修示范学校、广东省心理健康教育示范学校、广东省依法治校示范学校等多项国家、省级荣誉称号。学校教师有18项课题获得国家、省、市级立项；有40多个课例获得市级以上奖项，其中2位语文老师的录像课在2015年获全国"优课"，2位教师获得国家级赛课奖项，8位老师的录像课获全省"优课"；获省录像课一、二、三等奖7项；获省级教育科研成果奖6项，获市级基础教育成果奖4项，获省特色读物成果二等奖1项；学校教师正式出版教育著作8部，主编校本教材13本，60多篇论文发表于国家、省级教育刊物，教师80多篇论文、设计和案例获得市级以上奖项；学生参加各级各类征文、演讲、书法、绘画等比赛，获得奖励800多项。

近几年来，随着湛江经济技术开发区第一小学办学效益日益提升，社会关注度渐大，西藏林芝市、云南昆明市、清远市、江门市、佛山市、吴川市、雷州市、徐闻县等地的校长、老师积极前来跟岗或交流学习。因此，湛江经济技术开发区第一小学被岭南师范学院和区教育局定为教师培训跟岗学习实践基地，教学教研的辐射力不断扩大。中国语言文字报、广东电视台、《广东教育》杂志、湛江电视台、湛江日报、湛江晚报、湛江新闻网、湛江教育网、碧海银沙网站等新闻媒体对学校办学情况作了多次精彩的报道。

新风化雨润桃李，精心培育吐芬芳。湛江经济技术开发区第一小学全体师生决心励精图治，砥砺奋进，不断提升办学水平，力争把学校打造成为开放创新的现代化学校，促使师生生命健康幸福发展。

（二）实践探索

校本研修是促进教师专业成长的最佳方式，是加强研究型教师队伍建设的重要途径。2012年4月，时任湛江经济技术开发区第一小学校长林文智主持的课题"构建'四环二维'校本研修模式的实践与研究"获得湛江市"十二五"中小学重点规划课题立项，于2017年12月结题。经过五年多的实践与研究，经开区一小构建了"四环二维"校本研修模式。该模式是从本质上促进教师专业发展的新模式。"四环"是校本研修实施过程的四个环节——明理、导行、思辨、升华。"二维"是把教师专业发展定为两个维度目标：一是"人人学习型教师"的培养；二是"骨干创新型教师"的培养，即"让一般教师人人提升，让骨干教师成才成名"。每个维度目标的实现，都经历"明理、导行、思辨、升华（创新）"四个环节的行动研究推进实施。该模式旨在建立教师成长机制，构建完善的教师培养体系，实现不同层次教师的不同发展，特别是对骨干教师的"创新发展"，提升教师的幸福感。下面分别从"两个维度""四个环节"的校本研修来阐述怎样促进教师的专业成长。

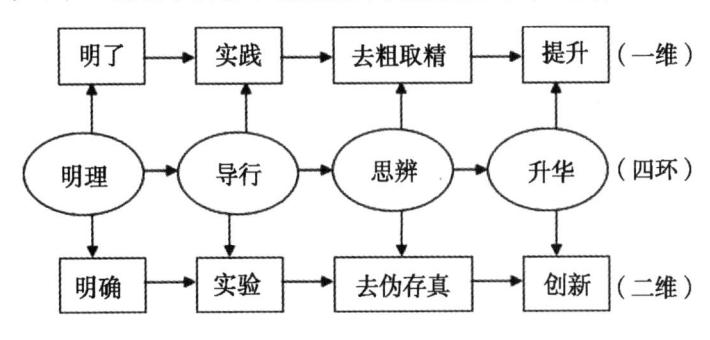

图 6-1 "四环二维"校本研修模式示意图

1. 校本研修的第一维度：让一般教师人人提升

"第一维度目标"的校本研修是为了培养教师人人成为"学习型教师"，让一般教师人人提升。在这个研修过程中，每位教师都要做一个积极上进的学习者，教师群体要形成一个有凝聚力、有向心力的"学习共同体"。这一维度的校本研修按四个环节来实施，目标明确，环环相扣，层层深入，循序推进。

环节一：明理——学习理论，启迪智慧

教师的专业成长，需要教师教育教学理念的提升与更新。在这一研修环节中，就是引导教师学习理论，提升理念。为此，学校每年都为教师们征订一批教育刊物、理论书籍，同时教导处每周组织教师开展读书心得交流会，引导教师当一名学习型教师，认真研读书籍，丰富理论素养。更为关键的是，学校针对教师教育教学实践中产生的困惑、出现的共性问题，邀请专家学者、教学名师、学科带头人来作专题讲座，答疑解惑。让广大教师在与专家、名师的直接交流、思维碰撞中明晰自己努力的方向，得到智慧和思维的启迪、思想和理念的提升。

如，学校的课题"抛锚式理论下小学数学'先学后导'自主性学习模式研究"获得市级立项。为了项目顺利推进，学校成立了校长为负责人、教导主任为组长的研修团队，成员是数学学科组全体教师。研修团队以"构建抛锚式理论下小学数学'先学后导'自主性学习模式"为主题，组织成员阅读相关文献、聆听专家讲座，学习生本教育理论、抛锚式教学理论、建构主义学习理论、新课程教学理论、"先学后导"教学观等教育教学理论。

环节二：导行——实践求真，形成案例

教育教学理论来源于教育教学实践，又对教育教学实践具有能动作用。因此，我们将课堂实践作为校本研修的基础，从校本实际出发，以先进的理论为引领，指导教师自身的教育教学实践活动，形成教育教学案例或模式。

如，在全体成员充分学习相关理论后，研修团队推选年轻的苏老师和余老师作为实验教师，承担研究课的执教任务。研修团队围绕专题，加强理论与实践的结合，以《一分有多长（认识秒）》为研究课例，开展了集体备课活动，发挥集体智慧，形成了合理的教学设计；而两位老师轮流执教了《一分有多长（认识秒）》一课，经过多次试教，最后形成了《一分有多长（认识秒）》这个具有研究价值的案例。

环节三：思辨——专家评点，教师互动

对于在先进的理论引领下形成的教育教学案例，我们不停留在学校教师层面上的评课议课活动上，而会适时邀请专家从教育哲学的高度广泛深入地研究，梳理出新的思路，提炼出新的理论。与此同时，教师们围绕明确的主题和具体的案例，结合自身的教育教学实际，积极地与专家和团队成员展开互动对话、探讨交流，进一步明确理论在实践中的应用价值与实施策略。增进对新理念的感悟和理解，提高教学能力和研究水平。

如，在形成《一分有多长（认识秒）》这个案例后，学校邀请了专家杨教授前来做专业指导。在杨教授的引领下，针对这个案例中教学模式是否体现理论与实践相结合的问题，研修团队通过课堂观察、集体思辨、修订教案等形式，帮助实验教师改进与完善课堂环节。尤其是在集体思辨中，杨教授认为实验教师应该理清教学思路、明确教学模式的各个环节，着重让学生在"先学"的基础上，根据学情创设完整的、真实的、有感染力的问题情境，产生学习的需求，再引导学生在小组中合作交流，培养学生质疑探究的学习能力。由于有了专家的专业指导，《一分有多长（认识秒）》这个案例得到了进一步的完善，抛锚式理论下小学数学"先学后导"自主性学习模式获得了新的研究突破。

环节四：升华——反思总结，撰写体会

作为校本研修的主体，教师在经历学习理论、实践求真和专家评点之后，全面地进行反思、总结和提炼，升华到一个新的理论与实践层面，写下自己的新发现、新感想和新做法。这样撰写出来的教育教学体会、经验，就是凝聚着创新思维和思想智慧的优秀教研成果。

如，在一年多的教学实验后，全体成员的专业水平都有了不同程度的提升，特别是承担研究课执教任务的苏老师和余老师得到了实实在在的磨练，教学能力进步很快。其中，余老师上的《一分有多长（认识秒）》一课获得了2014年区青年教师教学比赛一等奖。此外，陈主任在国家级、省级教育刊物上分别发表了论文《抛锚式教学理论下小学数学"先学后导"自主小学模式》和《对"过程"与"结果"之间辩证关系的感悟》。在反思总结中，研修团队撰写了阶段性研究报告，提出了抛锚理论下小学数学"先学后导"自主性学习模式——"三段七环"自主模式，其结构图如下图6-2所示。

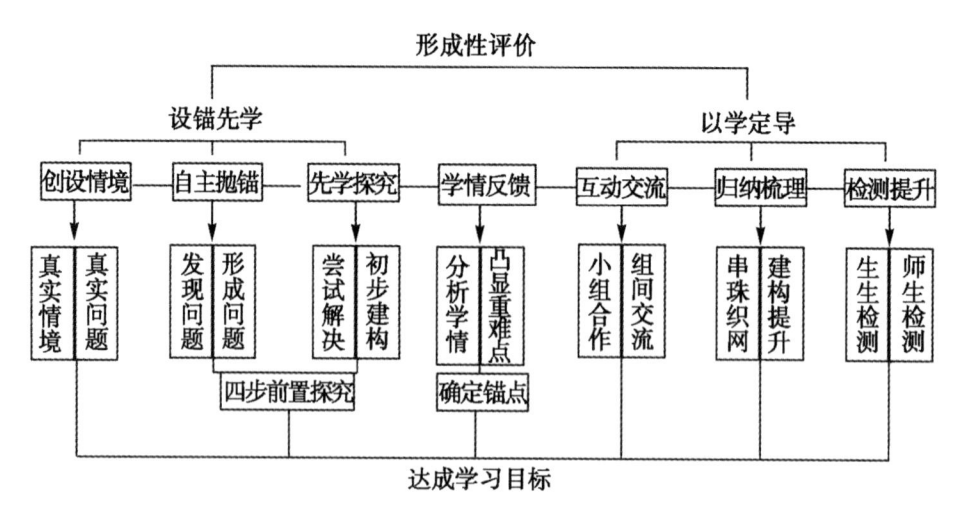

图 6-2 "三段七环"自主学习模式结构图

这一模式融合了生本教育理论、抛锚式教学理论、建构主义学习理论等，注重教学的动态性和情境性，讲究学生的自主学习和合作学习，让学生在探究问题和解决问题中自主地形成知识和技能，实现教师与学生的共同发展。

2. 校本研修的第二维度：让骨干教师成才成名

基于"第二维度目标"的校本研修，是在第一维度的校本研修层面上发展起来的，是更高一层次的校本研修，其目标是培养创新型教师，让骨干教师成才成名。这一层面的校本研修，能够促使骨干教师突破专业成长的"高原区"，实现"二次发展"，消除教师职业倦怠感，提升教师职业幸福感。

环节一：明理——新生理念，引领行动

历经第一维度的校本研修之后，教师对教育教学有了自己的新发现、新感想和新做法，理论视野得以拓宽，思想认识得以深化，专业水平提上了一个新的台阶。在此基础上，教师再参加第二维度的校本研修活动，研修成员进行深入研讨交流，思维便会因此碰撞出火花，形成新的理念。此时，这种新生理念甚为重要，是教师进行下一步教育教学行动的思想基础，也是引领教师教育教学行动的理论哲思。

如，经过一年多的实验，前期开展的"三段七环"自主模式已获得了初步的成效。但是，研修团队发现，在实践过程中逐步显现出两大问题：一是教学环节过于烦杂和细化，不易操作，教学展不开；二是教学模式仅停留在

"形"的外在层面上——仅是达成教学目标,对于"神"的内在领悟与生成的把握却远远不够。如何在准确把握教学本质的基础上,有意识地向学生渗透基本的数学思想方法,提高学生发现问题、分析问题和解决问题的能力,做到课堂教学"形与神"的和谐统一呢?基于此,研修团队在"三段七环"自主模式的基础上经过多次的提炼和整合,创新融入"问题导学"的教学思想,重新构建了新型的"慧学五环"学本模式。由此,研修团队提炼出了一种新的理念——以学为本的"慧学"理念。

环节二:导行——大胆试验,善于发现

在新生理念的引领下,教师以课堂为主阵地进行大胆的教育教学试验,在试验过程中发现优点与不足,剖析本质与现象。这样形成的成果,更是研修团队再次合作的智慧结晶,既有课改现场感,又有深入研究的价值。当然,在试验研究中,所形成的课例并非就是完美的,必然有一定的缺憾,存在着优点与不足之处,这就需要整个研修团队认真剖析本质与现象,为下一步的研究活动做好准备。

如,在特级教师林校长的指导下,基于以学为本的"慧学"理念,研修团队开展了新一轮课改实验。在教学实验过程中,谢老师和陈主任都着力以学为本,打造高效课堂,形成了多个具有较高研究价值的案例,如《搭配中的学问》《滴水实验》《什么是面积》等。

这里,以陈主任执教的三年级上册综合实践课《搭配中的学问》为例进行阐述。虽然学生在二年级时已经能够对物体进行简单的组合,但他们的水平只停留在感性层面,无法做到有序搭配。根据这样的学情分析,本课的教学重点就应是引导学生通过多种实践活动,逐步抽象概括出有序搭配的方法,渗透有序、对应和符号化思想,使学生的思维逐步由具体思维过渡到抽象思维。教学总体设计以"大问题"为引导教学,以"情景+问题串"为主线支撑课堂,让学生在探索中学习,在交流中深化认识,在拓展中训练思维。据此,在集体备课下,陈主任设计了以下教学流程:

(1)先学探究,感知搭配(发现问题)。

(2)创设情境,尝试搭配(提出问题)。

(3)借助活动,体验搭配(解决问题)。

（4）运用知识，拓展搭配（再续问题）。

（5）反思总结，内化延伸（延伸问题）。

这样的教学流程正是体现了"慧学五环"学本模式的设计理念，贯穿着"问题导学"的教学思想，让课堂显得灵动、有趣。

环节三：思辨——课后评议，去伪存真

在上完研究课后，便进入更高水平的评课活动。在这个过程中，整个研修团队要进行集体思辨，在专家的指导下对课例作深入思考、解读和辨析，看是否贯彻了之前研究探索出的新生理念，是否达成教学目标，是否突破教学重难点，从而保留本质的、精华的内容，删除虚伪的、多余的内容。一句话，就是课后评议，去伪存真，有所取舍。经过这样的课例研究阶段，就形成了新的第二个理论层面。

如，在实验教师每次上完研究课后，研修团队集体思辨，去伪存真，深刻感悟到：成功的教学所需要的不是强制，而是激发学生的兴趣和求知欲。大家发现，"慧学五环"学本模式，是一种自主的、本质的和灵动相结合的综合性学习模式，其终极目标是"慧学达成"——张扬个性，形成能力。"以学为本"是指导思想，是原则，体现了以学定教、以学促教、以学论教的教学思想和理念。这一模式坚持以学生发展为主的原则，培养了学生的问题探究能力和数学核心素养。

环节四：创新——总结梳理，沉淀理论

对于在集体思辨中提炼的有效策略、真知灼见和思想共识，有必要进行总结梳理，积淀下新的教育教学理论。这里不仅浓缩了研修团队的实践智慧，而且体现了研修团队的创新思维。作为骨干教师，当经历了这种高水平的校本研修理论提炼后，教育研究能力就会有一个明显的提升，以后面对很多教育教学现象时就能从理论的层面进行解析，从而进入专业发展的快车道，通往成才成名之路。

如，历经三年的研究与实践，研修团队总结梳理，把抛锚式教学理论下的"先学后导"自主性学习模式定型为"慧学五环"学本模式。其结构图如下图6-3所示：

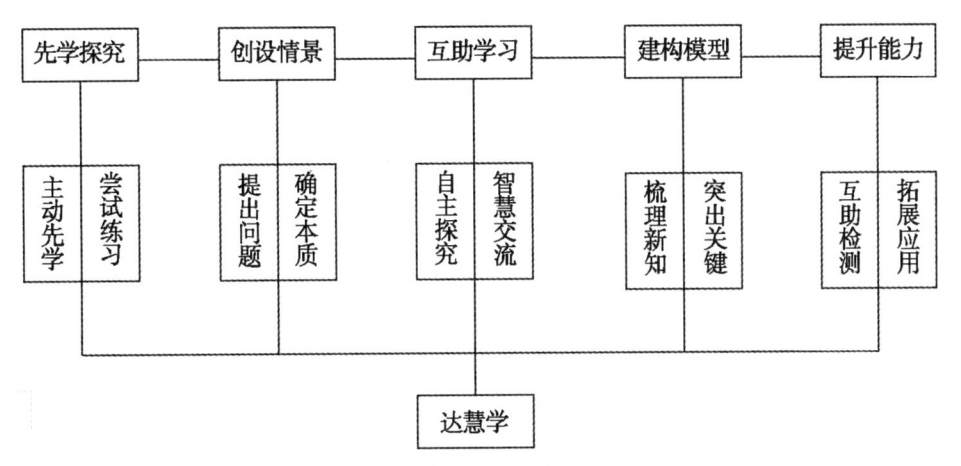

图 6-3 "慧学五环"学本模式结构图

由"三段七环"自主模式转型的"慧学五环"学本模式，更体现课堂教学的开放性，更有实效性。由此提炼出的以学为本的"慧学"理念，更具实践和理论的双重创新意义，对促进创新型教师的加速成长发挥了重要作用。谢老师执教的《有趣的推理》一课在区课堂教学竞赛中荣获第一名，《滴水实验》一课也获得省级"优课"奖；陈主任执教的《数对确定位置》一课在2016年"第十二届全国中小学教师文化作文与文化教学高峰论坛"中荣获特等奖。

综上所述，"四环二维"校本研修立足于两个维度目标，按照"明理—导行—思辨—提升（创新）"四个环节开展研修活动，具有明确的、严密的实施步骤，体现了创新递进、循环发展的特性。教师对新课程理念的感悟，课堂教学方式的变革，不可能一蹴而就，而是需要教师不断地学习，不断地实践，不断地反思。这是一个多次回归、不断实践、螺旋上升的过程。"四环二维"校本研修的实施，促进一般教师人人提升、骨干教师成才成名。

（三）实践成效

1. 探索了研究型教师校本培养新路径

在研究型教师的校本培养实践中，湛江经济技术开发区第一小学构建了"四环二维"校本研修模式，扎实开展行动研究课改活动，推进教学模式创新，基本解决了理念陈旧、模式单调、机制滞后等问题，探索了研究型教师校本培养的新路径，适应了教育现代化发展对教师发展的要求。林文智校长、豆海湛老师等人撰写的教育专著《学校可持续发展的研究力》和《让每位教师都成功》分别于 2017 年 6 月和 2018 年 1 月正式出版，充分彰显了学校几年以来在研究型教师校本培养方面的研究成果。

2. 提升了研究型教师队伍建设新成效

湛江经济技术开发区第一小学教师的科研意识和研究能力提升较快，教改热情高涨，40 多名教师脱颖而出成长为省、市级骨干教师培养对象，培养了一支高素质、高水平和高觉悟的研究型教师队伍。其中，多名教师成长为专家型教师，其中林文智校长成长为广东省第九批特级教师、湛江市首批名校长工作室主持人，王颖玫副校长成长为广东省第十批特级教师，梁春梅副主任成长为南粤优秀教师、广东省骨干教师培养对象、湛江市名班主任工作室主持人等，陈梅城主任成长为广东省骨干教师培养对象、湛江市首批"名教师"培养对象、湛江市教师培养专家团队成员等，邓淑燕老师成长为湛江市名教师培养对象、湛江市中小学教师培养团队专家成员等。

3. 助推了学校教育发展跨上新台阶

（1）教师科研成果非常丰硕

湛江经济技术开发区第一小学教师积极参加研究活动，获得了丰硕的科研成果。学校教师有 18 项课题获得国家、省、市级立项；获省级教育科研成果奖 6 项，获市级基础教育成果奖 4 项，获省特色读物成果二等奖 1 项；学校教师正式出版教育著作 6 部，主编校本教材 13 本，60 多篇论文发表于国家级、省级教育刊物。

（2）课堂教学改革富有实效

湛江经济技术开发区第一小学教师锐意实施课堂教学改革，推进教学模式创新，促使学校教育教学质量不断提高，学生的学业成绩及综合素质获得显著提升。在各级各类教学比赛中，学校教师勇获佳绩，40 多人次获得国家级、省级、市级、区级赛课奖项。

（3）学校发展打开崭新局面

湛江经济技术开发区第一小学办学成绩斐然，曾获得全国读书育人特色学校、广东省书香校园、广东省校本研修示范学校等多项国家、省级荣誉称号。研究型教师队伍建设，也有效地促进了学校的内涵发展，明显提升了办学水平和办学效益。

在教育现代化背景下，湛江经济技术开发区第一小学践行"让每位教师都成功"的培养理念，持之以恒地抓好研究型教师校本培养，获得了一系列显著的研究成果，推动了学校教育高质量发展。

二、案例分析

（一）变革理念是重要条件

湛江经济技术开发区第一小学基于"让每位教师都成功"的培养理念，进一步明确教师专业发展的概念与定位，根据教师"二次发展"的特点与规律，提出"四环二维"校本研修的理论框架与实践模式，着眼于实现不同层次教师的不同发展，特别是对研究型教师的"创新发展"，消除教师的职业倦怠，促进教师成才成名，提升教师的成就感、幸福感和归属感。在实践探索中，"四环二维"校本研修的理论内涵一步步得到丰富与提升，并转化为实践成果及效果，最终培养了一支具有科研品牌的研究型教师队伍，并培育了一批具有引领能力的专家型教师，谱写了学校教科研工作的新华章。这体现了一所市区小学在加强教师队伍建设上新颖的理念。

（二）创新模式是重要路径

从研究型教师队伍校本建设的内容与形式方面调查研究发现，当前教师对校本培养倾向性是相当多元的，而且是一种复合型特色需求，有热衷课题研究、专家学者讲座、外出学习考察的，也有欣赏听课评课、同伴互助、师徒结对和校级教研活动等。校本研修是学校人力资源的一种优化整合，是教育资源发挥最佳效能和可持续发展的重要手段。湛江经济技术开发区第一小学构建的"四环二维"校本研修模式，就是基于研究型教师队伍建设方面普遍存在的模式陈旧问题进行创新，是从本质上促进教师专业发展的新模式。"四环"是校本研修实施过程的四个环节——明理、导行、思辨、升华。"二维"是将实施过程分为"人人提升型"和"骨干创新型"两个维度推进实施。这其实就是一种行动研究式的教师培养模式创新。

（三）健全机制是重要保障

在管理学中，要使管理有效益，必须以完善的机制作为保障。从湛江经济技术开发区第一小学校本研修的具体操作及成效可以看出，该校的校本研修机制较为健全，校本研修活动扎实有效，基本满足教师外在及内在需求。在教育管理中，湛江经济技术开发区第一小学能针对教师的不同特点，建立成长激励机制，为教师拓宽发展空间，有助于充分发挥教师的主体作用，激发教师的发展潜能，最大限度地调动教师工作和学习的积极性，促进教师的专业发展，提高教师的综合素质。这种激励机制，既是学校发展的保障，又是提高教学质量的迫切要求，也是引导教师树立新观念和新思想，不断学习新知识和新技能，全面提高教师素质的过程。因此，建立激励教师不断学习的机制，使教师不断成长，正是当前教育管理中值得倡导的一项重要内容。

综上所述，全面推动基础教育高质量发展，关键在于全面推动教师队伍高质量发展，而全面加强研究型教师队伍建设则是其中的重要抓手。虽然全国各地区各中小学的办学质量和发展水平参差不齐，但并不妨碍在新时代教师队伍建设积极探索，有所作为。在研究型教师队伍建设上，广东省廉江市青平中学、广东省廉江市廉江中学和湛江经济技术开发区第一小学三所学校开展了卓有成效的校本化探索，促进了学校教师队伍整体素质的提升，也助推了学校教育高质量发展。

后　记

强教必先强师

教育现代化的核心是人的现代化。加快教育现代化，推动教育高质量发展，关键在于加强教师队伍建设，提高教师队伍的整体素质。探索研究型教师队伍建设是新时代教师队伍建设的重要内容，适应了教育现代化发展对教师发展的要求。强教必先强师。对于广大中小学校而言，在教育现代化进程中开展研究型教师队伍建设的校本化探索，机遇与挑战并存，是一项颇具意义的重要课题。

教育现代化呼唤研究型教师。研究型教师是相对于"经验型教师"而言的一个概念，是具有较强的研究意识和研究能力的教师，是实施创新教育的骨干力量，是教师发展的高级阶段。教育现代化不仅要求教师树立先进的现代教育观念，掌握广博的文化基础知识、精深的专业知识和扎实的教育科学知识，而且更要求教师具有适应现代社会和教育发展的综合能力，即更新知识和创新的能力；要求教师少些"匠气"，多些"研究气"；要求教师具有教学研究的意识和能力，提升教学实践性知识水平，从传统的"教学者"向"研究者"转变，从"经验型教师"向"研究型教师"转变，成为高素质专业化创新型的新时代教师。这也是教师专业发展的一个基本趋势。

本书以新的理论视野对研究型教师进行全面而深入的探究，并系统地总结了研究型教师队伍校本建设的理论内涵、实践路径和典型案例，为广大中小学校提供了新时代教师队伍建设的新范式，也为广大一线中小学教师提供了专业发展的新思路。全书共计六章，主要内容有教育现代化呼唤研究型教师、研究型教师队伍校本建设的路径、研究型教师队伍校本建设的系统构建、基于研究型教师队伍校本建设的理念转型、基于研究型教师队伍校本建设的学校转型和研究型教师队伍建设的个案分析。本书不仅客观分析了教师队伍建设的时代背景，科学界定了研究型教师的核心概念，具体阐述了研究型教师队伍校本建设的基本内涵及重要意义；还针对学校在研究型教师队伍校本建设中出现的困惑提出有效的解决之道，为学校实施研究型教师队伍校本建设指明方向；并梳理与提炼了不同区域不同层次学校在研究型教师队伍校本建设上的具体做法，形成了具有学术价值和应用价值的典型案例，为广大中小学校管理者及一线教师参考学习和借鉴运用。

本书紧扣教育现代化的先进理念，立足于教师教育一体化的新理论和新视野，详细地审视、论述和反思了研究型教师队伍校本建设的理论与实践，有助于广大中小学校管理者及一线教师对研究型教师队伍校本建设的具体做法进行全面了解与实施。本书将研究型教师队伍校本建设提升为一个全面、系统、实用、创新的体系，主要有以下三个方面的特点。

一是系统性。本书注重理论与实践紧密结合，从理论的高度对研究型教师队伍校本建设进行系统的研究、深刻的思考、理性的诊断和精心的提炼。本书力求深入浅出，试图帮助学校管理者及一线教师深刻领会研究型教师队伍校本建设的新理念，并熟练地运用其有效举措。唯有如此，教师才能从"经验型教师"转变为"研究型教师"，从而更好地提升自身的专业素质。

二是实用性。本书着眼于实用可行，注重教师专业发展理论的实践应用，介绍的研究型教师培养策略及研究型教师队伍校本建设方法具有可操作性，并且经过了科学的实践验证，具有较强的实用性。本书还呈现了翔实而典型的案例，给学校管理者及一线教师出了主意，提出一些可操作的具体应对措施和积极有效的应对方法，让教师专业发展更有品质、更富有智慧。

三是新颖性。本书贵在求新，紧密关注新时代教师队伍建设的政策动向，以前瞻、独到的眼光审视研究型教师校本建设的具体做法，涉及教育学、管理学理论，涵盖不同区域不同层次中小学校的研究型教师队伍建设校本化探索经验，融入新时代教师培养的新理念，吸收了多种前沿教师队伍建设研究成果，化深奥为简明，化抽象为形象，令人眼前一亮。

在本书撰写过程中，我们得到了张旭校长、林文智校长、林雁校长、石曹薇副校长、宋鹏校长、宋应金校长、曹悦主任等人在案例材料方面的支持和帮助，在此给予特别感谢！撰写本书实非易事，无论是提纲的整体策划、资料的查找搜集、内容的梳理提炼，还是案例分析的取舍，都花费了我们大量的精力和心血。由于受时间、资料、作者水平的限制，本书的疏漏错失在所难免，如一些案例不够翔实，或引用作者成果标注出现疏漏及其他不妥之处等，内容上还可能包含一些认知观念上的差异，如有发现，敬请广大热心读者通过电子邮件（260683314@qq.com）致信我们，以期再版时加以勘正，在此表示真诚的感谢！

我们在撰写本书过程中，还参阅了诸多专家学者的研究成果，在此对他们表示诚挚的谢意！

衷心希望本书能给大家带来有益的启示。

作者

2023 年 11 月 6 日